销售精英必备的
财务通识手册

朱菲菲◎编著

中国铁道出版社有限公司
CHINA RAILWAY PUBLISHING HOUSE CO., LTD.

内 容 简 介

本书主要介绍了销售人员应该了解的财务知识。全书分为四部分。第一部分介绍财务基础知识，包括会计基本职能、会计六大要素、会计科目和会计账户等；第二部分介绍销售活动中的财务管理、税务常识、常见票据和财务报表等内容；第三部分介绍应收账款与催款工作的相关内容；第四部分介绍销售活动引起的财务变动的相关内容。

本书主要针对的是财务知识零基础的销售人员和销售主管，旨在帮助其快速看懂与公司销售活动有关的财务数据和财务状况。

图书在版编目（CIP）数据

销售精英必备的财务通识手册 / 朱菲菲编著 .—北京：中国铁道出版社有限公司，2022.2
ISBN 978-7-113-28510-4

Ⅰ. ①销… Ⅱ. ①朱… Ⅲ. ①企业管理 - 财务管理 Ⅳ. ① F275

中国版本图书馆 CIP 数据核字（2021）第 225012 号

书　　名：销售精英必备的财务通识手册
XIAOSHOU JINGYING BIBEI DE CAIWU TONGSHI SHOUCE
作　　者：朱菲菲

责任编辑：王　佩　张文静　**编辑部电话：**（010）51873022　**邮箱：**505733396@qq.com
封面设计：宿　萌
责任校对：苗　丹
责任印制：赵星辰

出版发行：中国铁道出版社有限公司（100054，北京市西城区右安门西街 8 号）
印　　刷：北京铭成印刷有限公司
版　　次：2022 年 2 月第 1 版　2022 年 2 月第 1 次印刷
开　　本：710 mm×1 000 mm 1/16　**印张：**14　**字数：**181 千
书　　号：ISBN 978-7-113-28510-4
定　　价：59.80 元

前言

企业一般通过销售产品和提供服务获得利益，维持企业运转，而销售人员在其中起着关键的作用。作为销售人员，其基本的职责就是开拓市场、执行销售计划、与客户保持联络、动态把握市场价格等。

在销售活动中，根据一买一卖的基本过程，货款与货物的管理对销售人员提出了新的要求，销售人员要精确计算货款、点清货物，后续货款的结算也要按照合同约定完成。这其中必然牵涉到基本的财务知识，包括支付、结算、预算、报销和催款等相关问题。

在企业的财务数据上也能体现一系列销售活动的情况，若是具备良好的财务知识背景，销售人员能够更好地开展销售活动中的各项工作，并对企业的财务状况、发展趋势有一定的了解，在编制销售计划时便能提出有用的意见。

面对复杂的财务知识体系，销售人员应该从哪些方面入手呢？首先是基本的财务术语、财务知识，其次是常见的票据种类和财务报表，最后对款项回收的有关内容进行学习。销售人员在学习财务知识时，不要贪多，尽量围绕销售工作展开学习。

为此，我们编写了本书，让销售人员对基础的财务知识有所了解，希望通过本书的阅读，销售人员能明白业务与财务之间的关系。

全书共8章，可大致划分为四部分。

◆ 第一部分为第1章，主要介绍财务基础知识，如会计基本职能、会计六大要素、会计科目和会计账户、报销流程、会计科目表和常见财务术语等，从最简单的财务知识入手，让读者打好基础。

◆ 第二部分为第2～5章，从不同方面详细介绍销售活动中的财务管理、税务常识、支付和结算手段、常见票据、资产负债表、利润表、现金流量表和所有者权益变动表。这部分可以帮助读者详细了解销售活动与财务之间的密切联系。

◆ 第三部分为第6～7章，主要介绍应收账款与催款工作。通过该部分的学习，可以引发读者重视应收账款的潜在风险，并了解有效的催收方式，以保障公司的利益。

◆ 第四部分为第8章，主要介绍销售活动引起的财务变动，使销售人员可以判断如何进行销售工作才能让企业获得更多盈利。

本书的优势在于从销售活动出发，以销售人员的视角为重点，介绍有关财务知识，但不过分注重财务知识的深度与难度，而是注重相关性，让销售人员能看懂与自身工作有关的财务知识点。同时，利用丰富的案例、表格和图示降低枯燥感，让读者更易吸收相关内容。

最后，希望所有读者都能从本书中学到想学的知识，快速打破财务壁垒，轻松学习与销售业务有关的财务知识。

编　者

2021年9月

目录

第 1 章　做销售也要懂点财务知识

作为合格的销售人员，不仅应掌握销售技巧，做好产品销售工作，建立与客户的联系，保证及时回收相关款项，也应该了解必备的财务知识，这样才能真正做好销售工作，保证账款无误。

第 2 章　销售管理与财务管理密不可分

财务管理是企业管理的组成部分，根据财务制度组织企业财务活动，进行财务分析，就能够从一定程度上知道销售工作的具体实施情况和效果，所以销售人员一定要了解企业的基本财务管理内容。

第 3 章　做销售离不开的税务常识

缴纳税费是每个纳税人应尽的义务，对于企业来说更是如此，而且面临比个人缴纳更多的税费。根据企业经营情况，需要缴纳的税费通常有增值税或消费税、企业所得税等，销售人员需要对这些税种有基本的认识。

第 4 章 销售人员要重点掌握的票据常识

票据是用于支付、结算货款的工具，在日常的交易活动中，购货方可能会选择不同的结算方式来完成交易。销售人员应该对这些结算方法有所了解，并知道自己在款项结清的过程中到底扮演何种角色。

第5章 认识财务报表和销售数据中的重要指标

财务报表能反映企业经营过程中的各项重要数据和指标，帮助相关人员判断企业的经营状况，了解财务成果和现金流量情况做出销售计划和其他计划的调整。财务报表上的一些重要指标能够反映企业的销售情况和回款情况，作为销售人员，应该对此有所了解。

第6章 应收账管理应该怎么做

应收账管理可简单理解为是对企业可能发生的坏账风险进行预防的一种管理工作。主要目的是让销售人员树立风险意识，重视未到账的货款。所以，销售人员应该了解应收账的前因后果，真正做好风险把控。

第 7 章 销售人员要如何催款

为了扩大盈利，企业不可能过多地采用一手交钱一手交货的交易方式，更多采用的是其他非现款交易，所以销售人员除了通过提高销售技巧来提高销量外，还要巧妙地完成后续的回款工作。回收货款是个技术活，销售人员需学习更多的技巧才能更好地收回货款。

第 8 章　销售活动对财务工作有什么影响

销售活动的范围很广，涉及的事务也很多，除了与客户进行交易以外，还有货物的交接、现金的递交等，这些工作都在一定程度上影响着财务工作。作为销售人员，要从不一样的角度来认识销售与财务之间千丝万缕的联系。

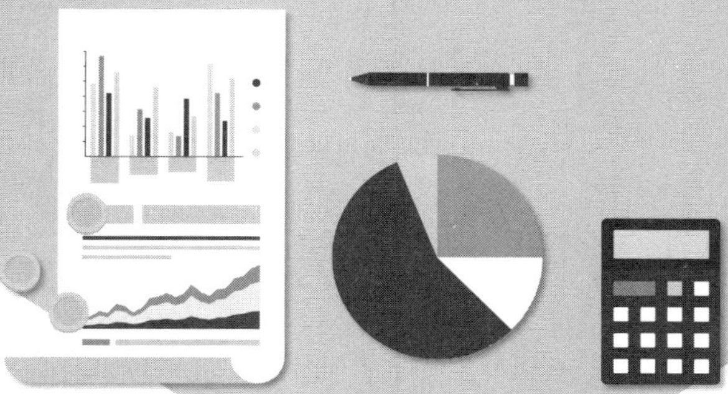

第1章

做销售也要懂点财务知识

作为合格的销售人员，不仅应掌握销售技巧，做好产品销售工作，建立与客户的联系，保证及时回收相关款项，也应该了解必备的财务知识，这样才能真正做好销售工作，保证账款无误。

为什么销售人员也要懂财务知识

销售是指以出售、租赁或其他任何方式向第三方提供产品或服务的行为，销售工作是由销售人员来完成的。无论是普通的销售员，还是业务经理、市场经理、区域经理、业务代表等负责的都是销售工作，而作为一个合格的销售人员，其日常工作职责有哪些呢？

◆ 负责产品的市场渠道开拓与销售工作，执行并完成公司产品年度销售计划。

◆ 根据公司市场营销战略，提升销售价值，控制成本，扩大产品在所负责区域的份额，积极完成销售量指标，扩大产品的市场占有率。

◆ 与客户保持良好沟通，实时把握客户需求。为客户提供主动、热情、满意、周到的服务。

◆ 根据公司产品、价格及市场策略，独立处置询盘、报价、合同条款的协商及合同签订等事宜。在执行合同过程中，协调并监督公司各职能部门操作。

◆ 开拓新的销售渠道和新客户，自主开发及拓展上下游用户，尤其是终端用户。

◆ 收集一线营销信息和用户意见，对公司营销策略、售后服务等提出参考意见。

◆ 认真执行公司销售管理规定和实施细则，努力提高自身业务水平。

◆ 负责与客户签订销售合同，督促合同正常如期履行，并催讨所欠应收销售款项。

◆ 对客户在产品销售和使用过程中出现的问题、办理的手续等，提供帮助或联系有关部门、单位妥善解决。

◆ 填写有关销售表格，提交销售分析和总结报告。

◆ 做到以公司利益为重，不索取回扣，获得的馈赠钱物上交公司，遵守国家法律，以免构成经济犯罪。

◆ 对各项业务负责到底，对应收的款项和商品，按照合同的规定追踪和催收，出现问题及时汇报、请示并处理。

◆ 出差时应节约交通、住宿、业务请客等各种费用开支，不得奢侈浪费，完成部门负责人临时交办的其他任务。

从销售人员的基本职责可以看到，销售人员不仅要把握市场、完成销售指标、满足客户需求、制订销售计划，还要填制各种销售表格、负责应收款项、控制各项出差费用。而要想顺利完成这些工作，就必须与公司财务部配合，并懂得一定的财务知识，不然会给公司带来一定的经济损失。

所以对于财务表格的填制、常见结算方式的运用、相关财务术语等知识，销售人员也应试着学习，保证日常工作顺利完成。

会计的基本职能到底是什么

对于销售人员来说，首先应该对基本的财务常识有所了解，之后才能深入认识财务管理的重要内容。在开展销售工作的时候是否想过会计及会计的基本职能到底是什么呢？

会计有两层含义，一是指会计工作，二是指会计工作人员。下面分别进行介绍。

- 会计工作是根据《中华人民共和国会计法》、《中华人民共和国预算法》和《中华人民共和国统计法》核对记账凭证、财务账簿、财务报表，从事经济核算和监督的过程，是以货币为主要计量单位，运用专门的方法，核算和监督一个单位经济活动的一种经济管理工作。
- 会计工作人员是进行会计工作的人员，有会计主管、费用会计、成本会计及出纳等人员。

而会计职能是指会计在经济管理过程中所具有的功能，其基本职能主要有两项：核算职能和监督职能。

（1）核算职能

会计核算贯穿于企业经济活动的全过程，是指会计人员以货币为主要计量单位，按照公认的会计准则和制度，对特定主体的经济活动进行确认、计量和报告，从数量上综合反映企业内已发生或完成的经济活动，提供企业的财务状况、经营成果、现金流量以及其他相关经济信息。该项基本职能具体包括如下内容。

①款项和有价证券的收付。

②财物的收发、增减和使用。

③债权、债务的发生和结算。

④资本、基金的增减核算。

⑤收入、支出、费用、成本的计算。

⑥财务成果的计算和处理。

⑦需要办理会计手续、进行会计核算的其他事项。

会计核算一般会经历记账、算账、报账三个阶段，每个阶段分别代表什么工作内容呢？

记账。将企业内发生的经济业务用相应的记账方法记录在凭证和账簿上。

算账。在记账的基础上通过一定的计算方法计算企业经营活动中的收支、结余、损益等情况。

报账。在记账和算账的基础上，将企业的财务状况、经营成果和现金流量，通过编制财务报告或会计报表的方式向有关部门和利害关系各方进行通报，以方便高层管理者分析、预测。

（2）监督职能

会计监督职能主要是对会计信息反映真实性、合法性、合理性等进行监督审查，从而对企业的经济活动进行控制，达到预期的经营目标。监督职能贯穿经济活动的全过程，是依据国家相关财经法律法规进行的。主要从以下几个方面审查企业的会计信息。

合法性。审查企业各项经济业务是否遵守国家有关法律制度、是否执行国家各项方针政策等，对违背法律法规的经济活动严肃处理并杜绝此行为。

合理性。审查企业各项经济活动是否符合内部财务管理规则、财务收支计划和预算目标。

真实性。审查各项会计核算内容是否符合企业内部实际发生的经济业务。

除了核算职能和监督职能这两个基础职能外，会计职能还包括预测职能、决策职能和考评职能，这些职能都体现了会计工作对企业经济活动的分析、指导作用。

认识会计的六大要素

会计要素是对会计对象进行的基本分类，是会计核算对象的具体化。会计要素分为动态要素和静态要素，如图 1–1 所示。

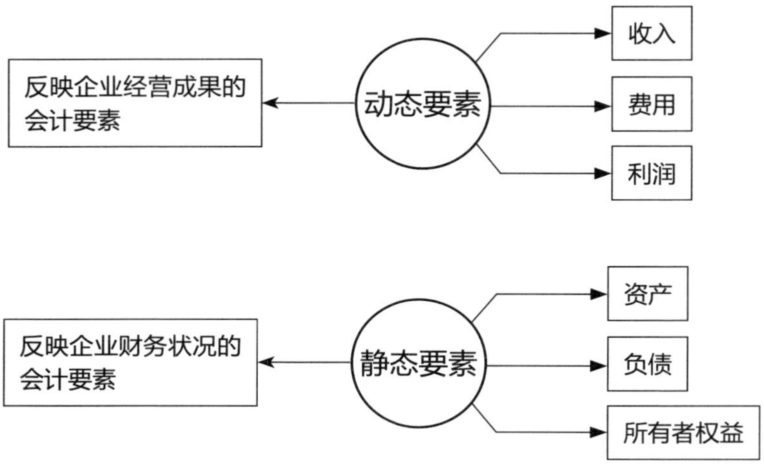

图 1–1　会计要素分类

下面分别对会计六要素进行介绍。

（1）资产（Assets）

资产是指企业过去的交易或者事项形成的、由企业拥有或者控制的、预期会给企业带来经济利益的资源。资产应具备三项特征。

- 资产是由企业过去的交易或事项形成的，包括购买、生产、制造等交易或事项，所以预期交易或事项不形成资产。

◆ 资产是由企业拥有或者控制的资源，即企业享有某项资源的所有权或控制权。

◆ 资产预期会给企业带来经济利益，即企业能够吸引现金和现金等价物流入企业的潜力。

知识延伸 | 资产的确认条件

如果要将一项资源确认为企业的资产，除了需具备资产的三项特征外，还需要满足两个条件：①与该资源有关的经济利益有很大可能会流入企业；②该资源的成本和价值能可靠地计量。

按流动性分类，资产可分为流动资产和非流动资产，具体含义见表 1-1。

表 1-1 资产分类

分 类	具体含义
流动资产	预计在一个正常营业周期中变现、出售或耗用，或者主要为交易目的而持有，或者预计在资产负债表日起一年内（含一年）变现的资产以及自资产负债表日起一年内交换其他资产或清偿负债的能力不受限制的现金或现金等价物 流动资产主要包括货币资金、交易性金融资产、应收票据、应收账款、预付款项、应收利息、应收股利、其他应收款和存货等
非流动资产	非流动资产是指流动资产以外的资产，主要包括长期股权投资、固定资产、在建工程、工程物资、无形资产和开发支出等

（2）负债（Liabilities）

负债是指企业过去的交易或者事项形成的、预期会导致经济利益流出企业的现时义务。

◆ 负债由过去的交易或事项形成。

◆ 负债是企业在现行条件下已承担的义务，未来发生的交易或事项形成的义务不属于负债。

◆ 负债的清偿预期会导致经济利益流出企业。

按流动性分类，负债可分为流动负债和非流动负债。

流动负债。指预计在一个正常营业周期中清偿，或者主要为交易目的而持有，或者自资产负债表日起一年内（含一年）到期应予以清偿，或者企业无权自主地将清偿推迟至资产负债表日后一年以上的负债。主要包括短期借款、应付票据、应付账款、预收款项、应付职工薪酬、应交税费、应付利息、应付股利和其他应付款等。

非流动负债。指流动负债以外的负债，主要包括长期借款、应付债券等。

（3）所有者权益（Equity）

所有者权益又称为股东权益，是指企业资产扣除负债后由所有者享有的剩余权益，包括实收资本（或者股本）、资本公积、盈余公积和未分配利润。

①除非发生减资、清算或分派现金股利的情况，企业不需要偿还所有者权益。

②企业清算时，需在清偿所有负债后，再返还所有者权益。

③所有者可通过所有者权益参与企业利润的分配。

（4）收入（Revenue）

收入指企业在日常活动中形成的、会导致所有者权益增加的、与所有者投入资本无关的经济利益的总流入。

所谓日常活动指为完成企业经营目标而进行的经常性活动或相关活动，如销售商品 、提供服务等。一般来说，收入可分为主营业务收入和其他业务收入。而营业外收入属于利得。

（5）费用（Expense）

费用是指企业在日常活动中发生的、会导致所有者权益减少的、与向所有者分配利润无关的经济利益的总流出。一般来说，费用包括生产费用和期间费用。

生产费用指与企业日常生产经营活动有关的费用，可分为材料费用、人工费用、制造费用。在企业的经济活动中，企业的生产费用应按相关规则计入生产成本中。

期间费用指在一定时期发生的、不能直接或间接归入产品生产成本，而应直接计入当期损益的各项费用，包括管理费用、销售费用和财务费用。

（6）利润（Profit）

利润是指企业在一定会计期间的经营成果，它包括收入减去费用后的净额、直接计入当期利润的利得和损失等。直接计入当期利润的利得（Gain）或损失（Loss），是指应当计入当期损益、会导致所有者权益发生增减变动、与所有者投入资本或者向所有者分配利润无关的利得或损失，如营业外收入和营业外支出。

我们都清楚，企业有了利润，业绩有了提升，随后所有者权益会增加；如果出现了亏损（利润为负），说明企业业绩下降，所有者权益可能会减少。可见利润对企业经营来说非常重要。

了解会计科目和会计账户

会计科目简称科目，是对会计要素对象的具体内容进行分类核算的类目。设置会计科目是对会计对象的具体内容加以科学归类，是进行分类核算与监督的一种方法。

会计科目按其所反映的经济内容不同，分为资产类、负债类、所有者权益类、成本类、损益类、共同类等科目。

（1）资产类科目

资产类科目是对资产要素的具体内容进行分类核算的项目，可分为流动资产、长期股权投资、固定资产、无形资产。其中流动资产又分为库存现金、银行存款、交易性金融资产、应收账款、预付账款和待摊费用等科目。

（2）负债类科目

负债类科目是对负债要素的具体内容进行分类核算的项目，可分为流动负债和长期负债，其中流动负债包括短期借款、应付账款、预收账款、应付职工薪酬、应交税费、应付股利以及预提费用等科目。

（3）所有者权益类科目

所有者权益类科目是对所有者权益要素的具体内容进行分类核算的项目，包括实收资本（或股本）、资本公积、盈余公积、本年利润和利润分配等科目。

（4）成本类科目

成本类科目是对可归属于产品生产成本、劳务成本等的具体内容进行分类核算的项目，包括生产成本、制造费用和劳务成本等科目。

（5）损益类科目

损益类科目是对收入、费用等的具体内容进行分类核算的项目，分为损收类（包括主营业务收入、其他业务收入、投资收益、补贴收入、营业外收入等）和损费类（包括主营业务成本、税金及附加、其他业务成本、销售费用、管理费用、财务费用、营业外支出、所得税费用、以前年度损益调整等）。

（6）共同类科目

在新会计准则中，共同类科目是指既有资产性质，又有负债性质，这样有共性的科目。

知识延伸 | 会计分录的不同表现

资产类、成本类、损益类费用这三类科目都是增加记借方，减少记贷方；负债类、所有者权益类、损益类收入这三类科目都是减少记借方，增加记贷方。

会计在从事财务工作时，必须要记录会计科目与账户两个项目。会计账户是根据会计科目设置的，具有一定的结构和格式，用来对会计对象的具体内容进行分类核算和监督的一种工具，能够反映会计要素的增减变动及结余情况。

账户按其经济内容不同可以分为资产类账户、负债类账户、所有者权益类账户、共同类账户、成本类账户和损益类账户六类。

会计账户结构是账户的组成部分及其相互关系的反映，账户的组成内容包括账户名称（会计科目）、日期（所依据记账凭证中注明的日期）、凭证字号（所依据记账凭证的编号）、摘要（经济业务的简要说明）、增加和减少金额。

企业的经济业务会引起会计要素的变化，而变化形式无非是增减两种，所以任何一个账户都可分为左右两边，一边记增加额，另一边记减少额。

账户中登记本期增加的金额，成为本期增加发生额；登记本期减少的金额，成为本期减少发生额；增减相抵后的差额，称为余额，余额按照时间不同，分为期初余额和期末余额。

期末余额 = 期初余额 + 本期增加发生额 − 本期减少发生额

销售工作中的报销流程是怎样的

销售人员工作的时候，会涉及很多费用的支出，销售人员需要在一定的时间内，向公司报销这笔费用。而报销任何费用都需要按照公司规定的流程，填写相关的表单，提供财务部需要的材料。常见的报销流程示意图如图 1–2 所示。

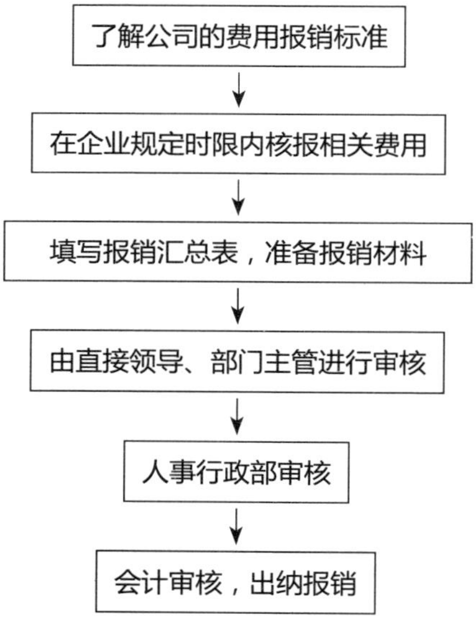

图 1–2　报销流程示意图

一般来说，销售人员报销的费用多为开展业务需要的通信费、交通费、差旅费用。公司也会制定相应的规章制度来规范员工的报销流程和注意要点，对于销售人员来说，比较重要的就是正确填写报销单据。

报销单一般要在部门领导处或是财务部领取，表 1-2 为 ×× 公司自制的费用报销单。

表 1-2　费用报销单

×× 有限公司 费用报销单						
					年　月　日	附单据　张
姓名		部门		部门审核		
报销项目	金额	报销理由				
合计人民币（大写）　万　仟　佰　拾　元　角　分￥						
财务	记账	出纳	报销人			

在填写费用报销单时，销售人员要注意以下一些事项：

①字迹一定要工整清晰，最好用黑色的财会专用签字笔填写。

②整理同类票据，统计总金额，再填写该类目金额。

③填写前一定要确认，一旦填写，不能再私自涂改。

④单据上大写金额必须和小写金额保持一致，比如这里是合计金额的大小写需保持一致。

⑤每项内容都要填写完整，否则难以通过审核。

⑥在报销单上填写的总金额要与提供的票据金额一致。

⑦填写好报销单后，需将票据粘贴在填写好的报销单背面或粘贴单等指定位置，一定要粘贴牢固，以免脱落。

什么是借贷记账法

会计记账方法是根据一定的规则，采用一定的计量单位，利用文字和数字在账簿中登记经济业务的方法。了解会计记账方法，对销售人员来说也非常有必要，会计记账方法的种类如图 1–3 所示。

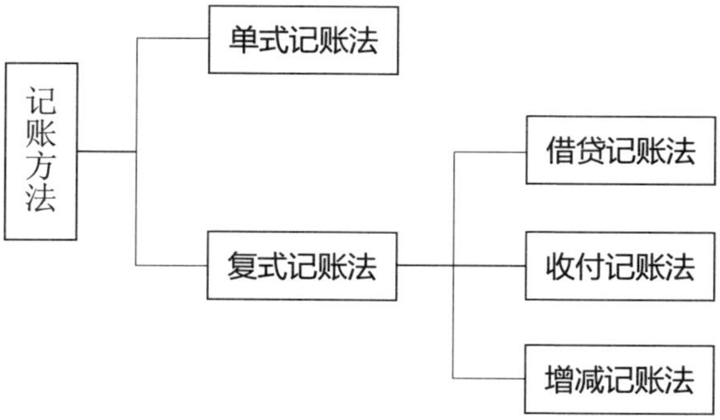

图 1–3　会计记账方法的种类

其中最常用也最重要的记账方法就是借贷记账法，它以“借”和“贷”作为记账符号，以会计等式作为记账原理，来反映经济业务增减变化的一种复式记账方法。

通常来讲，资产、成本和费用类账户的增加用“借”表示，减少用“贷”表示；负债、所有者权益和收入类账户的增加用“贷”表示，减少用“借”表示。

不同类型的账户其结构不同，资产类和成本类账户的结构如图 1-4 所示。

资产类和成本类账户结构

期初余额 资产（或成本）增加额	资产（或成本）减少额
本期借方发生额合计	本期贷方发生额合计
期末余额	

图 1-4　资产类和成本类账户的结构

负债类和所有者权益类账户的结构如图 1-5 所示。

负债类和所有者权益类账户结构

负债（或所有者权益）减少额	期初余额 负债（或所有者权益）增加额
本期借方发生额合计	本期贷方发生额合计
	期末余额

图 1-5　负债类和所有者权益类账户的结构

损益类账户主要包括收入类账户和费用类账户，收入类账户的结构如图 1–6 所示。

收入类账户结构

收入减少额	收入增加额
本期借方发生额合计	本期贷方发生额合计

图 1–6　收入类账户的结构

费用类账户的结构如图 1–7 所示。

费用类账户结构

费用增加额	费用减少额
本期借方发生额合计	本期贷方发生额合计

图 1–7　费用类账户的结构

在借贷记账法下，账户结构通常采用“T”型账户，账户的左方称为借方，右方称为贷方。

了解了借贷记账法下各类账户的结构后，销售人员还需了解其记账规则——“有借必有贷，借贷必相等”。

所以在采用借贷记账法记录交易事项时，要注意账户的对应关系和试算平衡（分为发生额试算平衡和余额试算平衡两类）。

这就会涉及会计分录（应借应贷方向、对应科目、金额组成）的记载，主要有一借一贷、一借多贷、多借一贷和多借多贷四种形式。

会计科目表有什么作用

会计科目表，是指按照经济业务的内容和经济管理的要求，对会计要素的具体内容进行分类核算的会计科目所构成的集合。

企业会计科目表对企业内的财务情况进行分类，可分为资产类（表 1–3）、负债类（表 1–4）、共同类（表 1–5）、所有者权益类（表 1–6）、成本类（表 1–7）、损益类（表 1–8）等，并对每一类会计科目名称进行归纳，对应特定的编号，规定了适用范围。就像菜单一样，对素菜、荤菜、汤品、甜品分类记录、展示，方便查询。

表 1–3　资产类会计科目表

顺 序 号	编　　号	会计科目名称	会计科目适用范围
1	1001	库存现金	
2	1002	银行存款	
3	1003	存放中央银行款项	银行专用
4	1011	存放同业	银行专用
5	1015	其他货币资金	
6	1021	结算备付金	证券专用

续表

顺 序 号	编　　号	会计科目名称	会计科目适用范围
7	1031	存出保证金	金融共用
8	1051	拆出资金	金融共用
9	1101	交易性金融资产	
10	1111	买入返售金融资产	金融共用
11	1121	应收票据	
12	1122	应收账款	
13	1123	预付账款	
14	1131	应收股利	
15	1132	应收利息	
16	1211	应收保护储金	保险专用
17	1221	应收代位追偿款	保险专用
18	1222	应收分保账款	保险专用
19	1223	应收分保未到期责任准备金	保险专用
20	1224	应收分保保险责任准备金	保险专用
⋮	⋮	⋮	⋮

表 1-4　负债类会计科目表

顺 序 号	编　　号	会计科目名称	会计科目适用范围
74	2001	短期借款	
75	2002	存入保证金	金融共用
76	2003	拆入资金	金融共用
77	2004	向中央银行借款	银行专用
78	2011	同业存放	银行专用

续表

顺序号	编　号	会计科目名称	会计科目适用范围
79	2012	吸收存款	银行专用
80	2021	贴现负债	银行专用
81	2101	交易性金融负债	
82	2111	转出回购金融资产款	金融共用
83	2201	应付票据	
84	2202	应付账款	
85	2205	预收账款	
86	2211	应付职工薪酬	
87	2221	应交税费	
⋮	⋮	⋮	⋮

表 1-5　共同类会计科目表

顺序号	编　号	会计科目名称	会计科目适用范围
110	3001	清算资金往来	银行专用
111	3002	外汇买卖	金融共用
112	3101	衍生工具	
113	3201	套期工具	
114	3202	被套期项目	

表 1-6　所有者权益类会计科目表

顺序号	编　号	会计科目名称	会计科目适用范围
115	4001	实收资本	
116	4002	资本公积	
117	4101	盈余公积	

续表

顺 序 号	编　　号	会计科目名称	会计科目适用范围
118	4102	一般风险准备	金融共用
119	4103	本年利润	
120	4104	利润分配	
121	4201	库存股	

表 1-7　成本类会计科目表

顺 序 号	编　　号	会计科目名称	会计科目适用范围
122	5001	生产成本	
123	5101	制造费用	
124	5201	劳务成本	
125	5301	研发支出	
126	5401	工程施工	建造承包商专用
127	5402	工程结算	建造承包商专用
128	5403	机械作业	建造承包商专用

表 1-8　损益类会计科目表

顺 序 号	编　　号	会计科目名称	会计科目适用范围
129	6001	主营业务收入	
130	6011	利息收入	金融共用
131	6021	手续费收入	金融共用
132	6031	保费收入	保险专用
133	6032	分保费收入	保险专用
135	6041	租赁收入	租赁专用
135	6051	其他业务收入	
136	6061	汇兑损益	金融专用

续表

顺 序 号	编　　号	会计科目名称	会计科目适用范围
137	6101	公允价值变动损益	
138	6111	投资收益	
⋮	⋮	⋮	⋮

熟悉销售过程中的常见财务术语

销售工作大致包括满足消费者需求，卖出产品或提供服务，计算一买一卖的相关费用，结清账款等。而在销售的过程中，一定会涉及相关财务术语，销售人员有必要对常见的术语进行了解。

（1）成本

成本是生产和销售一定种类与数量产品而耗费的资源用货币计量的经济价值。企业经营在一定程度上会耗费一定的生产资料和劳动力，这些消耗用货币计量，就表现为材料费用、折旧费用、工资等，都可以计入成本中。当然，在销售活动中所发生的费用、企业管理费用等也可笼统地归为成本。

（2）盈亏平衡点

盈亏平衡点又称零利润点、收益转折点，通常指全部销售收入等于全部成本时（销售收入线与总成本线的交点）的产量。以盈亏平衡点为界限，当销售收入高于盈亏平衡点时企业盈利，反之，企业就亏损。

盈亏平衡点可以用销售量来表示，即盈亏平衡点的销售量；也可以用销售额来表示，即盈亏平衡点的销售额。

（3）目标利润

目标利润是指企业在一定时期内，经过努力要达到的利润，反映企业一定时间经营成果好坏和经济效益高低的预期经营目标。通过确定目标利润，能够激发员工工作积极性，提高经济效益。

（4）市场占有率

市场占有率是指企业某一产品（或品类）的销售量（或销售额）在市场同类产品（或品类）中所占比重。该数据能反映企业在市场上的经营地位，通常市场份额越高，竞争力越强。

如某商品的市场总量为 35 万件，盈亏平衡销售水平为 5 万件，这样，满足盈亏平衡需达到的市场占有率为：

市场占有率＝盈亏平衡销售水平 ÷ 市场总量 =50 000÷350 000×100% ＝ 14.29%

（5）资本支出

资本支出也称收益支出，是指企业为取得长期资产而发生的支出，或为了取得为一个以上会计期间提供效益的财产或劳务所发生的支出。

（6）相关成本

相关成本是指对企业经营管理有影响，或在经营管理决策分析时必须加以考虑的各种形式的成本，主要包括机会成本、付现成本、重置成本、差量成本和边际成本等。

机会成本。是指从备选方案中选择某项方案而放弃其他方案可能丧失的潜在利益。这是进行决策时考虑的一种成本，并非实际发生的假设成本。

付现成本。是指由于某项决策而引起的需要在未来动用现金支付的成本。企业考虑货币的时间价值和资金拮据、筹措困难时，往往需充分考虑该成本。

重置成本。是指目前从市场上购买同样的原有资产所需支付的成本。

差量成本。广义差量成本指两个备选方案的预期成本之间的差异数，是用来确定不同备选方案的经济效益大小的因素；狭义差量成本指由于生产能力利用程度的不同而形成的成本差别，是用来确定企业最佳生产量的因素。

边际成本。是指单位产量的变动所引起的成本变动额，是用来判断企业最佳生产量的因素。

（7）毛利率

毛利率是毛利与销售收入（或营业收入）的百分比，其中毛利是收入和与收入相对应的营业成本之间的差额，毛利率反映的是一个商品经过生产转换内部系统以后增值的那一部分价值。

毛利率 = 毛利 ÷ 营业收入 ×100%

= （主营业务收入 − 主营业务成本）÷ 主营业务收入 ×100%

如某公司当月主营业务销售额有 500.00 万元，主营业务成本达到 300.00 万元，则其毛利率为：

毛利率 = （500.00−300.00）÷300.00×100%=66.67%

（8）资金周转率

资金周转率是反应资金流转速度的指标，也是能够反映企业资产管理效率的重要指标。尽可能少占用一些资金，将资金用在该用的地方，资金的利用率就会提高，相应地，资金的周转速度就会更快，实现销售收入的速度也会加快。可以用资金在一定时间内的周转次数来表示。

资金周转率 = 本期主营业务收入 ÷ [（期初占用资金 + 期末占用资金）÷2]

如某企业一年的销售收入总额为 3 000.00 万元，年平均占用的流动资金总额为 1 000.00 万元，则：

资金周转率 =3 000.00 ÷ 1 000.00=3

单次周转天数 =365 ÷ 3=121.67（天）

即每年周转 3 次，每次周转需要 121.67 天。

（9）销售净收入

销售净收入指的是企业经营净收入，其计算公式如下：

销售净收入 = 销售收入 − 销售退回 − 销售折扣 − 销售折让

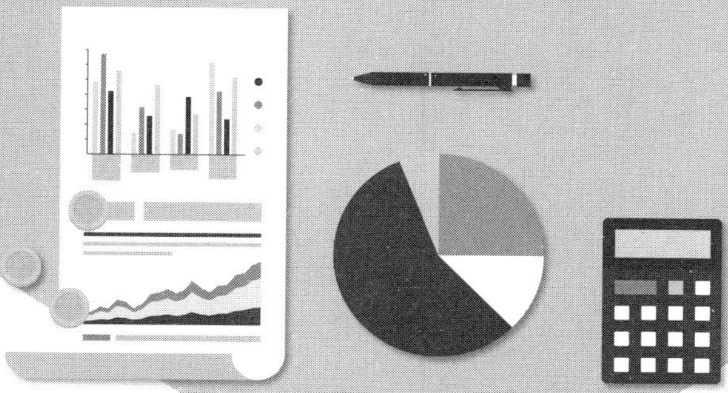

第2章

销售管理与财务管理密不可分

财务管理是企业管理的组成部分，根据财务制度组织企业财务活动，进行财务分析，就能够从一定程度上知道销售工作的具体实施情况和效果，所以销售人员一定要了解企业的基本财务管理内容。

销售工作中会涉及哪些类别的会计凭证

会计凭证是记录经济业务发生或者完成情况的书面证明，企业需要按照一定的程序填制和审核。作为登记账簿的依据，会计凭证应真实反映企业的经济业务。按编制程序和用途分类，会计凭证可分为原始凭证和记账凭证。

原始凭证。原始凭证一般是在经济业务发生时取得或填制的，用以记录和证明经济业务发生或完成情况的凭证。其基本内容包括：凭证名称、填制日期、凭证编号、填制和接受凭证的单位名称、业务内容、产品数量和金额，以及填制人、经办人或验收人的签字盖章。

记账凭证。指企业内部财务部门根据原始凭证填制，记载经济业务简要内容，确定会计分录，作为记账依据的会计凭证。常用的记账凭证有收款凭证、付款凭证、转账凭证等。

对于销售人员来说，一般会用到的是原始凭证，包括销售发票、银行结算凭证、报销单据等。

- 销售发票是一种用来表明已销售商品的规格、数量、价格、销售金额、运费和保险费、开票日期等内容的凭证。销售发票的发票联和抵扣联寄送给顾客，其余联次由企业保留，作为在会计账簿中登记销售业务内容的基本凭证。
- 银行结算凭证是收付款双方及银行办理银行转账结算的书面凭证。不同的结算方式，由于其适用范围、结算内容和结算程序不同，因而其结算凭证的格式、内容和联次等也各不相同。

◆ 报销单据一般是指销售人员在销售业务中所耗用的通信费、交通费及出差的食宿费用的报销单据。

销售人员在填制原始凭证时要遵循填写要求，应做到表 2-1 所示的 8 点。

表 2-1　原始凭证的填制要求

填写要求	具体内容
记录真实	在原始凭证的填写内容中会涉及一些经济业务的数据，销售人员一定要如实填写，内容要符合国家有关政策、法令、法规、制度的要求，切忌弄虚作假、伪造数字
内容完整	要求填写的项目必须逐项填列完整，避免遗漏和省略的情况发生
手续完备	填写原始凭证时，要注意手续是否完备，是否有相关单位的盖章或人员签名，只有加盖相关单位的印章才是合乎规范的
书写清晰	1. 书写时文字需简洁清晰、易于辨认，大小写金额必须相符且填写规范 2. 小写金额要用阿拉伯数字逐个书写，不要写连笔字 3. 在填写小写金额前要填写人民币符号“¥” 4. 小写金额数字一律填写到角分，无角分的，写“00”或符号“－”；有角无分的，分位写“0”，不得用符号“－”，如“¥30.00”“¥30.60” 5. 大写金额用汉字壹、贰、叁、肆、伍、陆、柒、捌、玖、拾、佰、仟、万、亿、元、角、分、零、整等填写，一律用正楷或行书书写 6. 大写金额前未印有“人民币”字样的，应加写“人民币”3 个字，且与金额之间不得留有空白 7. 大写金额到元或角为止的，后面要写“整”或“正”字；到分的，不写“整”或“正”字，如“壹仟零捌元整”
编号连续	如原始凭证已预先印定编号，在写坏作废时，应加盖“作废”戳记，妥善保管，不得撕毁，保证编号的连续性；未事先印制编号的，要按照填写时间的先后连续编号
不得涂改	填写时如果出错，应当由出具单位重开或更正，更正处要加盖出具单位印章
填制及时	各种原始凭证一定要及时填写，并按规定的程序及时送交会计机构、会计人员进行审核
格式规范	一般情况下，诸如增值税专用发票之类的原始凭证是由税务机关统一印制和监制，一般发票是由财政部门统一印制和监制，因此格式是统一的；而像费用报销单、借款单和差旅费报销单等，可由企业根据自身需求自行设计格式，企业领导人同意就行

哪些会计账簿用来记录销售数据

会计账簿简称账簿，是以会计凭证为等级依据，由专门格式并以一定形式联结在一起的账页所组成，用来序时、分类地全面记录一个企业、单位经济业务事项的会计簿籍。管理好会计账簿对加强企业经济管理有很重要的意义。销售人员的工作内容中也常常有一些数据是需要记录到会计账簿中的，所以了解会计账簿对销售人员来说大有帮助。

会计账簿的意义和作用见表 2-2。

表 2-2　会计账簿的意义

意　义	具体内容
记载、储存会计信息	将会计凭证记录的经济业务记入有关账簿，可以全面反映会计主体在一定时期内所发生的各项资金运动，储存所需要的各项会计信息
分类、汇总会计信息	通过账簿记录，我们可以将凭证反映的会计信息进行分类，方便相关人员了解一定时期的经济活动情况 另外，通过计算发生额、余额，能提供所需的总括会计信息，反映企业的财务状况及经营成果
检查、校正会计信息	账簿记录可对会计凭证信息进行进一步的整理和检查
整合、输出会计信息	为了反映企业一定时期内的财务状况和经营成果，需定期进行结账工作，并对相关账簿进行核对，计算出本期发生额和余额，再以此编制会计报表，向有关各方提供所需要的会计信息

按外形特征分类，会计账簿可分为卡片账、订本账和活页账，其各自特征见表 2-3。

表 2-3　卡片账、订本账、活页账的特征

账簿名称	具体特征
卡片账	卡片账是将一定数量的卡片式账页存放于专设的卡片箱中，财会人员可根据需要随时增添账页，适用于低值易耗品、固定资产等的明细核算（在我国一般只对固定资产明细账采用卡片账形式）
订本账	订本账是在启用前将编有顺序页码的一定数量账页装订成册的账簿，一般适用于总分类账、现金日记账和银行存款日记账 其优点是可避免账页散失或被替换 缺点是同一账簿在同一时间只能由一人登记，不利于会计人员的协作记账和计算机打印记账
活页账	活页账是将一定数量的账页置于活页夹内，可根据记账内容的变化而随时增加或减少部分账页的账簿，一般适用于明细分类账 其优点是可根据实际需要增添账页，不会浪费账页，使用灵活且便于多位财会人员同时分工记账 缺点是账页容易散失或被替换

按用途分类，会计账簿可分为序时账簿、分类账簿和备查账簿，如图 2-1 所示。

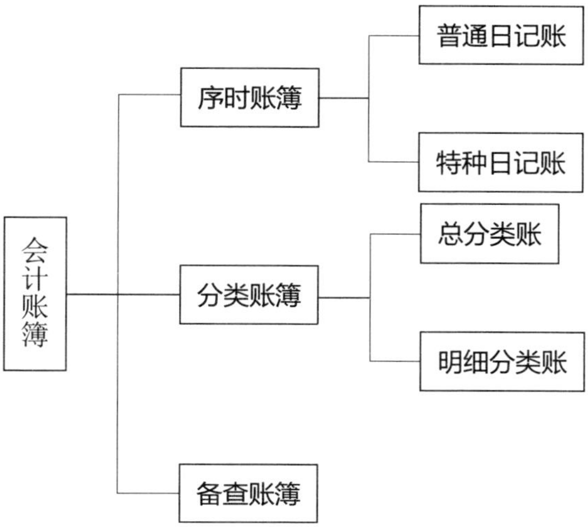

图 2-1　按用途会计账簿分类

按账页格式分类，会计账簿可分为五类，如图 2-2 所示。

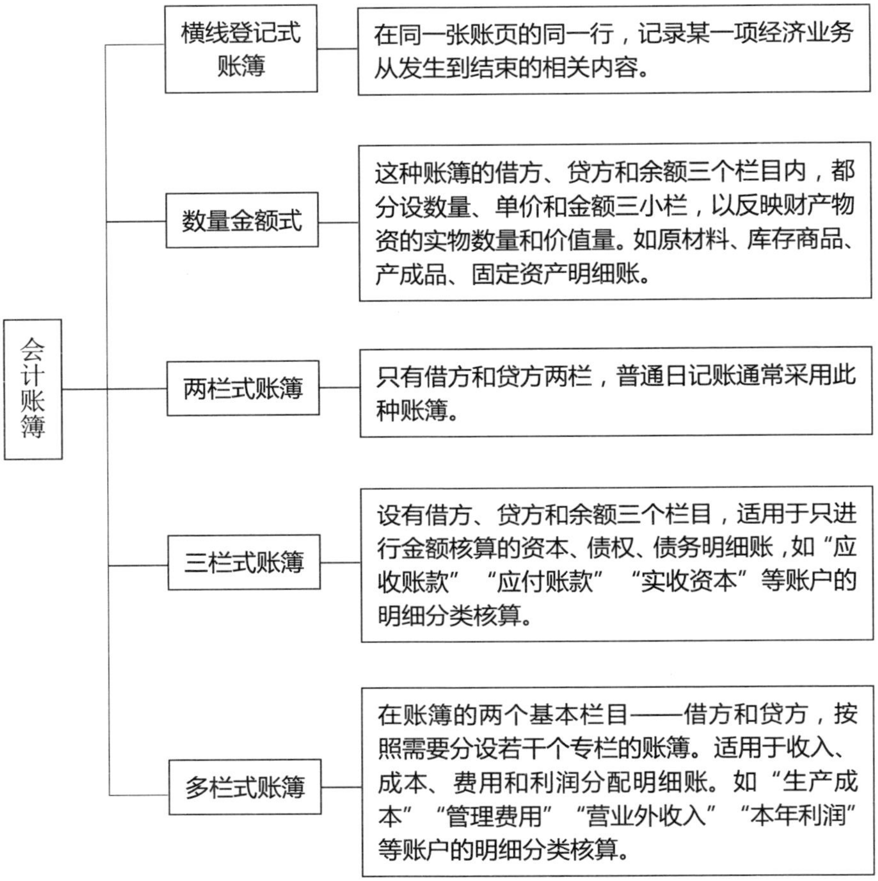

图 2-2　会计账簿按账页格式分类

会计账簿有不同的形式，企业内部也会根据各自的需要和会计准则规定，设计相关账簿。一般来讲，会计账簿应该具备以下结构。

- **封面**：主要标明账簿的名称，如总分类账簿、现金日记账、银行存款日记账等。
- **扉页**：标明会计账簿的使用信息，如科目索引、账簿启用和经管人员一览表等。

◆ **账页**：用来记录经济业务事项的载体，其格式根据反映经济业务内容的不同而有所不同。一般要包括账户名称及科目（二级或明细科目）、日期栏、记账凭证种类和号数栏、摘要栏（简要说明记录的经济业务内容）、金额栏（记录经济业务的增减变动和余额）、总页次和分户页次栏。

不同类型的会计账簿其格式也不相同，对于销售人员来说，其日常工作会涉及的账簿主要包括三种——现金日记账、银行存款日记账和三栏式明细账。

每一类账簿所适用的销售情况都不一样，所记录的销售数据也不同。根据销售业务的结算方式不同，会计账簿的使用类别也不同。一般来说，有现销和赊销两种结算方式。

现销又分现金交易和银行转账交易，现金交易业务通常采用现金日记账的方式来记录销售数据，由出纳人员根据审核无误的现金收付凭证，序时逐笔登记，图 2-3 为现金日记账的一般格式。

现 金 日 记 账

2020年		凭证		对方科目	摘要	借方									贷方									余额									核对
月	日	种类	号数			百	十	万	千	百	十	元	角	分	百	十	万	千	百	十	元	角	分	百	十	万	千	百	十	元	角	分	

图 2-3　现金日记账的一般格式

而通过银行转账方式进行交易的销售业务，则采用银行存款日记账来记录有关数据。银行存款日记账是由出纳人员根据审核无误的银行存款收付凭证、序时逐笔登记的账簿。这种账簿必须采用订本式账簿，其账页格式如图2-4所示。

银行存款日记账

开户行

账　号

2020年		凭证		对方科目	摘要	借方									贷方									余额									核对
月	日	种类	号数			百	十	万	千	百	十	元	角	分	百	十	万	千	百	十	元	角	分	百	十	万	千	百	十	元	角	分	

图 2-4　银行存款日记账格式

对于赊销的交易形式，可能通过钱款或票据形式进行赊销，会计人员需要在账簿中反映“应收账款”或“应收票据”科目的核算情况，一般采用三栏式明细账记录，如图 2-5 所示。

明细账

年		记账凭证号数	摘要	页数	借方									贷方									借或贷	余额								
月	日				百	十	万	千	百	十	元	角	分	百	十	万	千	百	十	元	角	分		百	十	万	千	百	十	元	角	分

图 2-5　三栏式明细账

以上类型的账簿都统一由财务部填制和保管，不需要销售人员填制，但记账过程中才能需要销售人员提交相关材料。如果销售人员想要查看相关账簿了解销售业务情况，需要得到上级批准，才能在财务部或档案保管室借阅。

财务分析对销售人员的重要性

财务分析是以会计核算和报表资料及其他相关资料为依据，通过一系列的分析手法，对企业的经营投资活动、盈利能力、偿债能力等进行分析评估的经济管理活动。根据财务分析的结果，企业管理层可以对未来的投资方向、经营策略做出更有利的决策。

常见的财务分析方法有以下所示的三种。

（1）比较分析法

比较分析法是通过对比两期或连续数期财务报表中的相同指标，分析数据的增减变动情况、变动幅度，分析出近期企业财务状况或经营成果的变动趋势。

在比较的时候，一般利用财务指标并结合会计报表项目进行比较。比较财务指标时，要注重两个比率。

一是定基动态比率，是以某一时期的数额为固定的基期数额而计算出来的动态比率。

二是环比动态比率，是将每一分析期的数据与上期数据相比较计算出来的动态比率。

如要比较会计报表项目，则应该从其构成入手，将总体指标设为100%，计算每个构成项目占总体指标的百分比，再比较每个构成项目的增减变动，从而判断相关财务活动的变化趋势。

（2）比率分析法

比率分析法是通过计算各种比率指标来确定财务活动变动程度的方法。比率指标的类型主要有构成比率、效率比率和相关比率三类，如图 2-6 所示。

构成比率：构成比率又称结构比率，是某项财务指标的各组成部分的数值占总体数值的百分比，反映了部分与总体的关系。

效率比率：效率比率是某项财务活动中所费与所得的比率，反映投入与产出的关系。

相关比率：相关比率是将某个项目和与其有关但又不同的项目加以对比所得的比率，反映有关经济活动的相互关系。

图 2-6

比如，将流动资产与流动负债进行对比，计算出流动比率，就可以判断企业的短期偿债能力。

（3）因素分析法

因素分析法是依据分析指标与其影响因素的关系，从数量上确定各因素对分析指标的影响方向和影响程度的一种方法。因素分析法分为两种——连环替代法和差额分析法。

财务分析所用指标有不同的分类，在具体分析时需用到的财务指标及其运算公式见表 2-4。

表 2-4　财务分析指标分类

分　类	指　标	公　式
偿债能力比率	流动比率	流动比率 = 流动资产 ÷ 流动负债
	速动比率	速动比率 =（流动资产 − 存货）÷ 流动负债
	产权比率	产权比率 = 负债总额 ÷ 股东权益总额
营运能力比率	存货周转率（次数）	存货周转率 = 主营业务成本 ÷ 平均存货 = 主营业务收入 ÷ 平均存货
	应收账款周转率	应收账款周转率 = 主营业务收入 ÷ 平均应收账款
	营业周期	营业周期 = 存货周转天数 + 应收账款周转天数
盈利能力比率	净资产收益率	净资产收益率 = 净利润 ÷ 平均净资产
现金流量分析指标	经营活动净流量	经营活动净流量 = 经营活动净流入 − 经营活动净流出
	现金到期债务比	现金到期债务比 = 经营现金流量净额 ÷ 本期到期债务
	现金流动负债比	现金流动负债比 = 经营现金流量净额 ÷ 流动负债（反映短期偿债能力）
	现金债务总额比	现金债务总额比（重点）= 经营现金流量净额 ÷ 负债总额
	销售现金比率	销售现金比率 = 当期经营现金流量净额 ÷ 当期销售额
	每股营业现金流量	每股营业现金流量 = 经营现金流量净额 ÷ 普通股股数
	全部资产现金回收率	全部资产现金回收率 = 经营现金流量净额 ÷ 全部资产 ×100%
	现金营运指数	现金营运指数 = 经营现金净流量 ÷ 经营所得现金

财务分析是财务管理的一种方式，对于企业领导者、投资者和销售人员来讲，财务分析结果提供了非常丰富的数据信息，通过分析所得的财务指标结果能够有效指导财务管理工作。

而销售人员通过这些财务指标也能有针对性地提高自己的工作效率。财务分析的重要性主要从以下三方面来体现。

①财务指标能动态地反映企业经济活动的发展，比起静态的财务报告更有指导性和准确性。

②财务分析不是对单一的经济事务进行分析，而是对企业整体经营情况进行分析，所以内容更全面、视野更开阔，销售人员能够从中看到企业的整体变化，而不是仅仅盯着销售工作，这样反而对改善销售工作更有利。

③财务分析能将企业经济活动的优势和劣势进行归纳总结，销售人员可以从分析结果中明白自己需要保持或改进的工作。

销售回款管理

回款是一种资金流动形式，也是销售中的一种业务模式。现如今，各行各业的市场竞争力都在不断加大，商家为了提高销量，会采用先销售后收款的方式降低客户的资金压力。对于企业来说，这样的销售方式可能带来回款隐患。

为了保证顺利收回款项，销售人员除了要不断提高自己的催款技巧，还要按照公司的相关管理制度，办好回款手续。一般来说，企业都会设计销售回款管理制度，方便销售人员规范地开展回款工作。

销售人员一定要熟悉公司设计的销售回款管理制度，以免出现回款管理差错。

销售回款管理制度

一、应收款项流程

为保障公司销售计划的顺利完成，加强回款工作的力度，结合目前各种实际回款情况，经财务总监与销售部商议起草，特制定本流程。

1. 合同签订。

合同签订应规范，按照关于“产品供销合同”的有关条款进行签订。

2. 合同拟定好之后需由销售部主管核对款项无误，并签字核实，然后由财务盖上公章认定为有效合同。之后由负责销售业务的销售人员传真给订单客户，通知付款。

3. 根据实际情况划分不同标准和管理办法。

（1）额度在一万元之内，全款到账后，采购给予备货，并在合同范围内发货。

（2）额度在一万元至三万元之间，尽量要求客户全款到账，如果对方提出付定金采购，定金不得少于 50%。定金到账后，采购给予备货。

①剩余款项在备好货之后、发货之前到账，然后给予发货。

②在合同范围内发货，货到后两个工作日内必须把剩余款项补上。

（以上两种情况需上报上级领导的，批准后根据情况执行）

（3）额度在三万元以上属于公司的大客户，尽量要求客户全款到账，如果对方提出付定金采购，在一定弹性空间内，定金可设置在 30% 至 50% 之间，定金到账后，采购给予备货，此后流程参照标准（2）执行。

（4）额度由担保人承担，担保资格人员级别为部门经理及以上级别人员。担保人员需在产品供销合同、提货单、出库单上签字，同时通知领导批准得以施行。款项由担保人跟踪催付，出现死账、赖账的情况，在担保人的工资中扣取。

二、合同履行的跟踪

1. 在业务人员收款期限内，对回款工作进行督促并协助财务人员处理回款过程中发生的问题。

2. 业务人员逾期未收回余款的，填制工作事实报告，连同规范合同、有效的送货单、发票回执单、对方负责人详细资料登记表，将回款的事宜移交给上级领导全权负责。

3. 上级部门接到报告，落实责任人，制定对应措施，时刻关注货款的回收情况，避免因超过时效期或遗失证据而导致坏账、死账。对于因人为原因造成的死账、坏账，将追究有关人员的赔偿责任。

4. 每签订一笔新合同，请尽可能多地了解对方单位及其负责人的详细资料并填制对方负责人详细资料登记表，以便在货款回收发生障碍时可有多种途径保护我公司的债权。

5. 如需总部发函给较严重的欠款单位，向总部填写申请，连同相关证据阐述事件的缘由，总部收到申请后立即着手办理，并直接将函寄给欠款单位，进行催款。

6. 在平时的收款工作中如有其他特殊需要，应及时以书面形式或电话与上级领导沟通、联系。

销售发票的管理

销售发票是销售工作中不能忽视的一项凭证，其能记录一项交易中的商品规格、数量、价格、销售金额、运费、保险费和开票日期等内容。

一般来讲，发票是由财务部进行管理的。而为了简化销售流程，有时也会由销售人员管理一部分的发票，方便在销售过程中及时使用。但是对于发票的管理，企业都会通过制订制度规范来要求员工。

销售发票管理制度

一、本公司所有销售发票不论是增值税发票，还是普通发票，均内含 13% 的增值税税额，财务以开具发票的当月作为申报纳税的期间。财务应建立、健全对发票的申购、开具、发放登记手续，并加强对空白发票的保管工作。

二、销售人员在销售合同签订后，在申请发货的同时按公司的要求提出开票的书面申请，以确保公司货票同行制度。

三、开票申请中必须提供完整的客户单位名称、税号、开户行名称及账号、地址、电话等详细资料。如果客户资料有变动，应及时书面通知部门内勤并提供客户变更通知，做好变更登记。

四、发票的领取。

发票由销售部主管统一到公司财务部领取，并按照销售人员提供的客户收件地址统一邮寄给客户，客户必须在对发票回执单上加盖其公司有效印章，如财务专用章、合同专用章或公章。主管人员必须做好发票的签收、核对、分发、邮寄等工作。

五、发票的退换。

1. 在货票同行的原则下，所有开出的发票均有相应的货物数量记载。因此单独退票的公司一般不予受理。因其他原因需要换票的，应该说明原开出发票的退换原因，并将原票和重新开票的申请及资料同时交给销售部负责人，由销售部负责人交给公司财务部作为重新开票的依据。

2. 如货物尚未发出或合同规定必须见客户汇款底单才能发货而客户要求

我公司先传真发票的，可以单独申请开票，并在开票申请单上注明原因。

3. 若发生全部或部分退货，且无须换货的，销售部应负有将发票追回或向对方索要退货证明（由对方当地国税局出具）的义务。

销售提成及返利的管理

销售提成和返利都是销售活动中常见的经营策略。销售提成是对销售人员的激励，从一定程度上可以提高销售人员的热情和积极度，一般来讲，企业多是从以下三个方面对销售人员进行提成管理。

- ◆ 基于销售额的销售提成。
- ◆ 基于利润的销售提成。
- ◆ 基于毛利的销售提成。

以销售额作为基数进行提成的所得最多，所以很多销售人员都想据此进行提成。而从激励对象来看，企业给予销售提成的方式又可分为以下两种。

①以每个业务人员为主，销售团队为辅的销售提成。

②以销售团队激励为主，个人激励为辅的销售提成。

而返利是一种常见的商业行为，是指厂家或供货商为了刺激销售，提高经销商（或代理商）的销售积极性所采取的一种正常商业操作模式。一般是要求经销商或代理商在一定市场、一定时间范围内达到指定的销售额的基础上给予多少个百分点的奖励，所以称为返点或返利。销售返利管理的流程一般如图 2-7 所示。

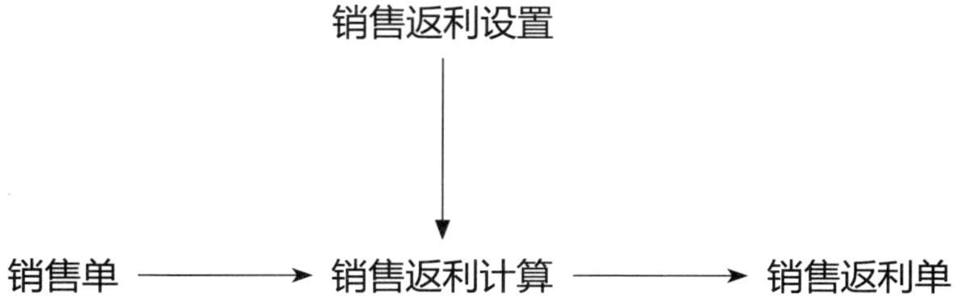

图 2-7　销售返利管理流程

关于公司的销售提成和返利管理，应该如何规定？销售人员又应该注意哪些事项呢？可参考下文所示的管理制度。

销售提成及返利管理制度

公司作为生产销售型企业，为了保证销售业绩，提高销售人员的积极性，为此设置了销售提成和返利制度，方便进行综合管理。

1. 销售各方分类：销售人员、分公司办事处、经销商。

2. 每月销售部主管助理计算出的各分公司或经销商的提成，交财务部销售费用岗位会计审核并挂账。

3. 各分公司或代理处费用（提成）应严格按照税法规定报销。

4. 按销售合同总额的 3 %提取业务报酬，公司一次性支付业务提成。

5. 低价销售业务（低于 5 000.00 元）的提成原则是 1 %～ 2 %。

6. 零散的材料销售（低于 2 000.00 元）没有销售提成。

7. 销售人员除领取基本工资外，其余如通信费、车旅费、餐费等均从提成中扣除。

8. 行政、财务部相关人员直接协助销售人员签订销售合同，顺利签约的，将享有销售人员该项目提成的 20 %的奖励。

9. 销售人员都有发展经销商的任务，如果公司认同了销售人员发展的经销商，那么公司将把该经销商的公司商品销货量金额的1%奖励给销售人员。此项提成有一个前提，该经销商的销售总额必须累积到20.00万元，销售人员的提成方能兑现。

10. 返利的产生必须经销售主要负责人认可，销售人员个体无权决定给付与否，严重违规者公司将与其终止合作。

11. 返利款项必须在公司报价的基础上浮，严禁下挫抠底。

12. 公司认可的返利给付对象只能是项目主要负责人，返利款项不得高过项目裸价的10%。

13. 如确有中间人存在介入，返利的比例不能高过裸价的5%。

14. 销售人员一律不过手返利给付方面事务，统一由公司财务人员或指定人员完成。

15. 各分公司办事处或经销商代理处高开返利部分，公司不承担13%的增值税，而一律从其返利中扣回。

16. 各分公司或经销商代理处费用单据，每月交销售部主管助理统计，转财务部销售费用岗位会计审核，不符合财务规定的和与税法冲突的，财务部一律剔除不予受理。差额部分由公司代开劳务费用，税费从其提成中扣除。

第三章

做销售离不开的税务常识

缴纳税费是每个纳税人应尽的义务，对于企业来说更是如此，而且面临比个人缴纳更多的税费。根据企业经营情况，需要缴纳的税费通常有增值税或消费税、企业所得税等，销售人员需要对这些税种有基本的认识。

纳税人是怎么划分的

缴纳税款是企业一项不可避免的开支，而有关法律法规又很复杂，为了保证公司利益不受损，作为销售人员，对企业的税务知识也该有一些了解，避免违反税务法规。

企业作为纳税人需要向税务机关缴纳税款，所谓纳税人即税法规定的负有纳税义务、直接向政府缴纳税款的自然人和法人。纳税人一般分为自然人、法人和个体工商户三类。

◆ 自然人指本国公民及在本国居住或从事经济活动的外国公民。

◆ 个体工商户，指公民在法律允许的范围内，依法经核准登记，从事工商业经营的家庭或户。个体工商户还可以起字号，并以其字号进行经济活动。

◆ 法人则指依法成立、享有民事权利并能独立承担民事责任的企业和社团组织，有独立的组织机构和独立支配的财产。

无论是什么类型的纳税人都要依法向国家纳税，根据纳税税种的不同，纳税的对象也会有所区别，如个人所得税，纳税人是公民个人或家庭。企业所得税，纳税人只能是企业单位。对于企业来说，有两种类型的纳税人身份——一般纳税人和小规模纳税人。

一般纳税人。指年应征增值税销售额（纳税人在连续不超过 12 个月或 4 个季度的经营期内累计应征增值税销售额，包括纳税申报销售额、稽查查补销售额、纳税评估调整销售额）超过财政部、国家税务总局规定的小规模纳税人标准的企业和企业性单位。

小规模纳税人。指年应征增值税销售额在规定标准（500 万元）以下，并且会计核算不健全（不能正确核算增值税的销项税额、进项税额和应纳税额），不能按规定报送有关税务资料的增值税纳税人。

两种身份的纳税人各自的特征和区别见表 3-1。

表 3-1　一般纳税人和小规模纳税人的区别

区　别	小规模纳税人	一般纳税人
年应税销售额	年应税销售额未超过国家规定标准（500 万元）的增值税纳税人	年应税销售额超过国家规定标准（500 万元）的纳税人
税率	一般适用 3% 税率	一般适用于 0.6%、9%、13% 几档税率
抵扣进项税	取得增值税专用发票不能抵扣进项，只能用作成本冲减所得税应纳税所得额	增值税进项税额可以抵扣销项税税额

值得注意的是，若企业销售额超过了国家规定的标准，且会计核算健全企业会直接认定为一般纳税人。

纳税人的权利和义务有哪些

纳税人的权利与义务是指国家通过法律法规赋予纳税人应有的权利与应尽的义务，内容主要涵盖 12 项权利和 9 项义务。

（1）纳税人的权利

纳税人能够享受的权利主要有 12 项，见表 3-2。

表 3-2　纳税人的权利

权　利	具体内容
知情权	纳税人有权了解国家税收法律、行政法规的规定以及与纳税程序有关的情况，具体可通过以下途径获悉相关信息：1. 办税服务厅；2. 税务机关官方网站；3. 电话语音服务系统 12366；4. 税收专题辅导会

续表

权　　利	具体内容
保密权	对于税收征收管理工作中依法制作或者采集的，以一定形式记录、保存的涉及企业的商业秘密和个人隐私的信息，企业享有保密权。该类信息只能用于税务管理，不能用于其他方面，更不能因信息泄漏而使企业利益受到损害。不过，税收违法行为信息不属于保密范围
税收监督权	若税务机关有违反税收法律、行政法规的行为，如税务人员索贿受贿、徇私舞弊、玩忽职守，不征或者少征应征税款，滥用职权多征税款或者故意刁难等，企业可以进行检举和控告
纳税申报方式选择权	企业可以直接到办税服务厅办理纳税申报或者报送代扣代缴、代收代缴税款报告表，也可以按照规定采取邮寄、数据电文或者其他方式办理上述申报、报送事项。但采取邮寄或数据电文方式办理上述申报、报送事项的，需经主管税务机关批准
申请延期申报权	企业如不能按期办理纳税申报或者报送代扣代缴、代收代缴税款报告表，应当在规定的期限内向税务机关提出书面延期申请，经核准，可在核准的期限内办理。经核准延期办理申报、报送事项的，应当在税法规定的纳税期内按照上期实际缴纳的税额或者税务机关核定的税额预缴税款，并在核准的延期内办理税款结算
申请延期缴纳税款权	如企业因有特殊困难，不能按期缴纳税款的，经省、自治区、直辖市国家税务总局批准，可以延期缴纳税款，但是最长不得超过 3 个月
申请退还多缴税款权	对企业超过应纳税额缴纳的税款，税务机关发现后，将自发现之日起 10 日内办理退还手续；如企业自结算缴纳税款之日起 3 年内发现的，可以向税务机关要求退还多缴的税款并加算银行同期存款利息
依法享受税收优惠权	企业可以依照法律、行政法规的规定书面申请减税、免税。减税、免税的申请须经法律、行政法规规定的减税、免税审查批准机关审批
委托税务代理权	企业有权就以下事项委托税务代理人代为办理：设立、变更或者注销税务登记、除增值税专用发票外的发票领购手续、纳税申报或送交扣缴税款报告、税款缴纳和申请退税、制作涉税文书、审查纳税情况、建账建制、办理财务、税务咨询、申请税务行政复议、提起税务行政诉讼以及国家税务总局规定的其他业务
陈述与申辩权	企业对税务机关的决定享有陈述权、申辩权
拒绝检查权	税务人员进行税务检查时，应当向企业出示税务检查证和税务检查通知书；对未出示税务检查证和税务检查通知书的，企业有权拒绝检查
索取有关税收凭证的权利	征收税款时，税务机关必须开具完税凭证；扣缴义务人代扣、代收税款时，纳税人要求扣缴义务人开具代扣、代收税款凭证的，扣缴义务人应当开具；扣押商品、货物或者其他财产时，必须开付收据；查封商品、货物或者其他财产时，必须开付清单

（2）纳税人的义务

纳税人所需要承担的义务主要有 9 项，见表 3-3。

表 3-3 纳税人的义务

义　　务	具体内容
税务登记	企业应当自领取营业执照之日起 30 日内，持有关证件，向税务机关申报办理税务登记。税务登记主要包括领取营业执照后的设立登记、税务登记内容发生变化后的变更登记、依法申请停业、复业登记、依法终止纳税义务的注销登记等
保管账簿发票	企业应当按照有关法律、行政法规和国务院财政、税务主管部门的规定设置账簿，根据合法、有效凭证记账，进行核算；从事生产、经营的，必须按照国务院财政、税务主管部门规定的保管期限保管账簿、记账凭证、完税凭证及其他有关会计资料；账簿、记账凭证、完税凭证及其他有关资料不得伪造、变造或者擅自损毁
财务会计制度核算软件备案	企业的财务、会计制度或者财务、会计处理办法和会计核算软件，应当报税务机关备案
依规安装、使用税控装置	国家根据税收征收管理的需要，积极推广使用税控装置。企业应当按照规定安装、使用税控装置，不得损毁或者擅自改动税控装置
按时、如实申报	企业必须依照法律、行政法规规定或税务机关依照法律、行政法规的规定确定的申报期限、申报内容如实办理纳税申报，报送纳税申报表、财务会计报表以及税务机关根据实际需要要求企业报送的其他纳税资料
按时缴纳税款	企业应当按照法律、行政法规规定或者税务机关依照法律、行政法规的规定确定的期限，缴纳或者解缴税款 未按照规定期限缴纳税款或者解缴税款的，除责令限期缴纳外，从滞纳税款之日起，按日加收滞纳税款 0.5‰的滞纳金
接受依法检查	企业有接受税务机关依法进行税务检查的义务，应主动配合税务机关按法定程序进行的税务检查工作，如实地反映自己的生产经营情况和执行财务制度的情况，并按有关规定提供报表和资料，不得隐瞒和弄虚作假，不能阻挠、刁难检查和监督工作
及时提供信息	企业除通过税务登记和纳税申报向税务机关提供与纳税有关的信息外，还应及时提供其他信息，如有歇业、经营情况变化、遭受各种灾害等特殊情况的，应及时向税务机关说明，以便税务机关依法妥善处理
报告其他涉税信息	为了保障国家税收能够及时、足额征收入库，税收法律还规定了企业有义务报告的如下涉税信息： 1. 与关联企业之间的业务往来，向当地税务机关提供有关价格、费用标准等资料 2. 企业合并、分立的报告义务 3. 报告全部账号的义务 4. 处分大额财产的报告义务。如欠缴税款数额在 5 万元以上，企业在处分不动产或者大额资产之前，应当向税务机关报告

懂得利用销售业务合理节税很有必要

企业在经营过程中会涉及的税种有增值税、消费税、城市维护建设税、城镇土地使用税、房产税、车船税、印花税和企业所得税等。

- **增值税：** 增值税是以商品（含应税劳务）在流转过程中产生的增值额作为计税依据而征收的一种流转税。
- **消费税：** 消费税是以消费品的流转额作为计税依据的政府向消费品征收的税项，一般在生产环节征收。
- **城市维护建设税：** 城市维护建设税是以纳税人实际缴纳的增值税和消费税税额为计税依据，依法计征的一种税。
- **城镇土地使用税：** 城镇土地使用税是指国家在城市、县城、建制镇、工矿区范围内，对使用土地的单位和个人，以其实际占用的土地面积为计税依据，按照规定的税额计算征收的一种税。
- **房产税：** 房产税是以房屋为征税对象，按房屋的计税余值或租金收入为计税依据，向产权所有人征收的一种财产税。
- **车船税：** 车船税是指在中华人民共和国境内的应税车辆、船舶的所有人或者管理人按照《中华人民共和国车船税法》应缴纳的一种税。
- **印花税：** 印花税是对在经济活动和经济交往中订立、领受具有法律效力的凭证的行为所征收的一种税。
- **企业所得税：** 企业所得税是对我国境内的企业和其他取得收入的组织的生产经营所得和其他所得征收的一种所得税。

企业可能需要缴纳的税种有很多，这对企业来说是个不小的负担，所以为了保证减轻企业的这种负担，很多企业都会进行合理节税，在不违反税法规定的前提下，将纳税义务减至最低限度。

对于销售型企业来说，销售业务是公司的主营业务，为公司带来主要的收入，同时也会带来不小的税收负担。从销售业务入手合理节税，能有效减少企业的税款支出，主要可从以下几方面来操作。

（1）业务提成节税

销售人员的工资组成一般是固定工资 + 浮动工资（提成），在销售人员计缴个人所得税时，能否减少纳税金额应该是销售人员非常在意的问题，对此有两种常见的节税方式。

一是很多公司会将销售人员的业务支出（如交通费、食宿费、油费、通话费）从业务提成中扣除。销售人员可以通过相关费用发票进行报销，没有报完的部分就计入工资总额中缴纳个人所得税。

二是在为员工缴纳个人住房公积金时，可以在法律规定的范围内更多地缴纳个人公积金，这样在工资总额中扣除了住房公积金后，再按剩余部分计缴个人所得税。

（2）利用时间差节税

一般来说，在销售人员售出一批商品后，需要财务部开具相关的发票才能完成后续的调货、发货手续。如果当月企业的资金负担较重，而销售订单又是在月末完成的，销售人员可以延迟发票的开具时间，在下一月初向财务部申请开具发票，这样可以延迟收入的入账时间，延后税款的缴纳，是一种比较常见的节税方式。

（3）利用当期销项税额节税

销项税额是指增值税纳税人销售货物、提供修理修配劳务、服务和销售无形资产或者不动产，按照销售额和适用税率计算并向购买方收取的增值税税额。

销项税额 =（不含税）销售额 × 适用税率

××服装公司刚刚出售了一批春季新款服饰，出厂价格为 100.00 万元人民币（不含税），增值税适用税率为 13%，那么该服装公司应当向客户收取的销项税额是多少呢？

销项税额 =100.00×13%=13.00（万元）

如果要利用销项税额节税，可通过降低销售额来合理节税，比如销售过程中有返利，应避免将其计入销售收入中。

税收要素对企业销售利润的影响

销售利润又称营业利润、经营利润，是企业在其全部销售业务中实现的利润，它是企业收入的主要来源。

销售利润 = 主营业务收入 − 主营业务成本 + 其他业务收入 − 其他业务成本 − 销售费用 − 管理费用 − 财务费用 − 税金及附加 − 资产减值损失 + 公允价值变动收益 − 公允价值变动损失 + 投资收益 − 投资损失

根据以上公式我们可以看出，销售利润与除增值税税金以外的其他税金有密不可分的关系，所以这些其他税金的多少直接影响企业的销售利润，税金越多，企业的销售利润越少；税金越少，企业的销售利润越多。

每个企业涉及的税种不同，要给付的税金也有差别，不过有一种税是所有企业都会涉及的，即增值税。

应纳税额 = 当期销项税额 − 当期进项税额

销项税额 = 不含税销售额 × 适用税率

销售额 = 含税销售额 ÷（1+ 适用税率）

进项税额 = 外购原料、燃料、动力等支付的价款 × 适用税率

在前面小节中已经介绍了什么是销项税额，这里介绍什么是进项税额。进项税额是指纳税人购进货物、加工修理修配劳务、服务支付或者负担的增值税税额。

具体该如何计算企业应缴纳的增值税税额呢？下面通过一个具体案例来学习。

××公司5月份购进了一批原材料，支付了15 000.00元货款，增值税进项税额1 950.00元，取得增值税专用发票。该批原材料进行加工后，公司生产了一批可直接投入市场的商品服饰，通过销售该批服饰获得含税销售额为22 600.00元，其增值税的应纳税额应这样计算。

进项税额 =1 950.00（元）

销项税额 =22 600.00÷（1+13%）×13%=2 600.00（元）

应纳税额 =2 600.00−1 950.00=650.00（元）

通过上文，我们了解到销售额和增值税税率是影响应纳税额的主要因素，在某种程度上也会影响销售利润。要知道税收要素是指构成税收范畴的基本因素，包括纳税人、征税对象和税率，这其中税率成为影响销售利润的重要因素。

在计算增值税税额时，一般通过含税销售额也就是销售合同额来计算，在合同额未变的基础上，如果增值税税率发生了变化，销售收入就会发生变化，利润肯定会受到影响。增值税税率越高，说明确认为收入的金额越低企业最后得到的销售利润越低；增值税税率越低，企业能够得到的销售利

润越高。

而在企业经营的过程中，除了增值税外，还有可能会涉及消费税、印花税等税种的税金支付，税收要素对销售利润的影响就更大了。

常见税种的纳税申报期限和方式

我国税法对纳税申报期限和方式有具体的规定，不同的税种其纳税申报的期限和方式是不同的，销售人员对这些具体规定应该有一个简单的了解。

（1）常见税种的申报期限

纳税申报期限是指税法规定的，纳税人申请纳税的时间间隔和最后期限。各个税种的纳税期限因其征收对象、计税环节的不同而有所区别，甚至同一税种也会因纳税人经营情况、财务会计核算、应纳税额大小的不同，以致申报期限不一样。

◆ 增值税、消费税的申报期限。

增值税、消费税的纳税期限分别为 1 日、3 日、5 日、10 日、15 日或者 1 个月或 1 个季度。纳税人和扣缴义务人以 1 个月或 1 个季度为一个纳税期的，自期满之日起 15 日内申报纳税；以 1 日、3 日、5 日、10 日、15 日为一个纳税期的，自期满之日起 5 日内预缴税款，于次月 1 日起 15 日内申报纳税并结清上月应纳税款。

◆ 企业所得税的申报期限。

企业所得税按年计算，分月或分季预缴。月份或季度终了之日起 15 日内申报并预缴税款，年度终了之日起 5 个月内申报并汇算清缴结清应缴、应退税款。

◆ 印花税的申报期限。

凡印花税纳税申报单位均应按季或按年进行申报，于每季度或每年度终了后 15 日内向所在地主管税务机关报送印花税纳税申报表或监督代售报告表，并缴纳税款。还可按次申报，于纳税义务发生之日起 15 内申报并缴纳税款。

只办理税务注册登记的机关、团体、部队、学校等印花税纳税单位，可在次年一月底前到当地税务机关申报上年税款。

印花税是在印花税应税凭证书立、领受时贴花完税的。对实行印花税汇总缴纳的单位，缴款期限最长不得超过一个月。

◆ 个人所得税的申报期限。

居民个人取得综合所得，按年计算个人所得税，企业作为扣缴义务人按月或按次预扣预缴税款，并在个人取得所得的次年 3 月 1 日至 6 月 30 日内办理汇算清缴。

个体工商户的生产经营所得，按年计算个人所得税，分月或分季预缴，并在月份或季度终了后 15 日内申报并预缴税款；在取得所得的次年 3 月 31 日前办理汇算清缴。

纳税人取得利息、股息、红利所得，财产租赁所得，财产转让所得和偶然所得，按月或者按次计算个人所得税，有扣缴义务人的，由扣缴义务人按月或按次代扣代缴税款。

从中国境外取得所得的居民个人纳税人，在取得所得的次年 3 月 1 日至 6 月 30 日内向中国境内主管税务机关办理纳税申报。

知识延伸｜申报期限的顺延

纳税人办理纳税申报的期限最后一日，如遇公休、节假日的，可以顺延（公休、节假日指元旦、春节、“五一”国际劳动节、国庆节以及双休日）；在每月1日至10日内有连续3日以上法定休假日的，按休假日天数顺延。

（2）纳税申报方式

纳税申报方式是指纳税人和扣缴义务人在发生纳税义务和代扣代缴、代收代缴义务后，在其申报期限内，依照税收法律、行政法规的规定到指定税务机关进行申报纳税的形式，具体见表 3-4。

表 3-4　纳税申报方式

申报方式	具体内容
邮寄申报	纳税人、扣缴义务人到所在地税务机关办税服务厅办理纳税申报手续有困难的，经主管国家税务机关批准，使用统一的纳税申报专用信封，通过邮政部门办理交寄手续，并以邮政部门收据作为申报凭据的一种申报方式
直接申报	也称上门申报，是指纳税人和扣缴义务人在规定的申报期限内，自行到税务机关指定的办税服务厅办理纳税申报、代扣代缴、代收代缴税款或委托代征税款等手续
数据电文申报	也称电子申报，是指具有电传条件的纳税人、扣缴义务人在规定的申报期限内，以税务机关确定的电话语音、电子数据交换和网络传输等电子方式进行纳税申报、代扣代缴及代收代缴税款。企业需保存好纸质申报资料，并定期报送主管税务机关
网上申报	纳税人在法定的期限内，利用计算机通过互联网登录税务部门电子申报网站，录入当月应申报数据，提交申报，审核无误后，由银行自动从纳税人税款专用账户划转应纳税款，完成申报纳税

知识延伸｜纳税申报方式的确定

第一，申请。纳税人根据自身实际情况选择采取直接申报（上门申报）以外的其他纳税申报方式的，需填写纳税申报方式申请审批表报主管税务机关，提出纳税申报方式申请。

第二，受理、核准。主管税务机关对纳税人报送的纳税申报方式申请审批表和附报资料进行审核，对符合条件的，制发税务事项通知书通知纳税人。对不符合条件的，在纳税申报方式申请审批表上注明理由，退回纳税人。对纳税申报方式未经批准的纳税人，原则上按直接（上门）申报方式进行纳税申报。

增值税的征税范围和税率

对于企业来说，增值税是不可避免的一个税种。而根据行业不同、经营形式不同，增值税税率也会有所差别，作为销售人员，应该了解增值税的征税范围和对应的税率。

增值税的征税范围包括在中华人民共和国境内销售货物或者劳务，销售服务、无形资产、不动产以及进口货物。具体内容见表 3-5。

表 3-5　增值税征税范围及对应税率

范　围	具体内容	
销售货物	有偿转让货物的所有权，除了部分农产品，税率为 13%	
销售劳务	指有偿提供加工、修理修配劳务，税率为 13%	
销售服务	交通运输服务（9%）	利用运输工具将货物或旅客送到目的地，使其空间位置得到转移的业务活动，包括陆路运输服务、水路运输服务、航空运输服务和管道运输服务
	邮政服务（9%）	指中国邮政集团公司及其所属邮政企业提供邮件寄递、邮件汇兑和机要通信等邮政基本服务的业务活动，包括邮政普通服务、邮政特殊服务和其他邮政服务
	电信服务	基础电信服务（9%）
		增值电信服务（6%）
	建筑服务（9%）	指各类建筑物、构筑物及其附属设施的建造、修缮、装饰，线路、管道、设备、设施等的安装以及其他工程作业的业务活动，包括工程服务、安装服务、修缮服务、装饰服务和其他建筑服务
	金融服务（6%）	指经营金融保险的业务活动，包括贷款服务、直接收费金融服务、保险服务和金融商品转让服务
	现代服务（6%）	指围绕制造业、文化产业、现代物流产业等提供技术性、知识性服务的业务活动。包括研发和技术服务、信息技术服务、文化创意服务、物流辅助服务、租赁服务（不动产租赁 9%、有形动产租赁 13%）、鉴证咨询服务、广播影视服务、商务辅助服务和其他现代服务
	生活服务（6%）	指满足城乡居民日常生活需求提供的各类服务活动，包括文化体育服务、教育医疗服务、旅游娱乐服务、餐饮住宿服务、居民日常服务和其他生活服务

续表

范　　围	具体内容
销售无形资产（6%）	指转让无形资产所有权或使用权的业务活动，无形资产包括技术、商标、著作权、自然资源使用权和其他权益性无形资产。 需要注意的是，关于自然资源使用权，包括土地使用权、海域使用权等，税率为 9%
销售不动产（9%）	指转让不动产所有权的业务活动

关于增值税税率，《中华人民共和国增值税暂行条例》有相关规定。

①纳税人销售货物、劳务、有形动产租赁服务或者进口货物，除下列第 2 项、第 4 项、第 5 项另有规定外，税率为 13%。

②纳税人销售交通运输、邮政、基础电信、建筑、不动产租赁服务，销售不动产，转让土地使用权，销售或者进口下列货物，税率为 9%。

a. 粮食等农产品、食用植物油、食用盐。

b. 自来水、暖气、冷气、热水、煤气、石油液化气、天然气、二甲醚、沼气、居民用煤炭制品。

c. 图书、报纸、杂志、音像制品、电子出版物。

d. 饲料、化肥、农药、农机、农膜。

e. 国务院规定的其他货物。

③纳税人销售服务、无形资产，除第 1 项、第 2 项、第 5 项另有规定外，税率为 6%。

④纳税人出口货物，税率为零；但是，国务院另有规定的除外。

⑤境内单位和个人跨境销售国务院规定范围内的服务、无形资产，税率为零。

签订合同要缴印花税

作为销售人员，除了要找客户，并就销售事宜与客户谈判外，还要尽可能促成与客户签订销售合同，将公司的商品真正销售出去。而与客户签订销售合同就一定会涉及印花税的缴纳问题，且合同一经签订，即使后来作废，已经缴纳印花税也不会退还，因此在签订合同之前，销售人员要仔细审核合同内容，以免出现修改、作废、重签的情况。

印花税的纳税人为在中华人民共和国境内书立、领受具有法律效力的应税凭证的单位和个人。其中，单位指企业、行政单位、事业单位、军事单位、社会团体及其他单位，个人是指个体工商户和其他个人。

应税凭证主要包括以下五类，这也是印花税的一般征税范围。

- 购销、加工承揽、建设工程勘察设计、建筑安装工程承包、财产租赁、运输、仓储保管、借款、财产保险、技术等合同或者具有合同性质的凭证。
- 产权转移书据。
- 营业账簿。
- 权利、许可证照。
- 经财政部确定征税的其他凭证。

根据书立、领受、使用应税凭证的人物身份的不同，纳税人可分为立合同人、立账簿人、立据人、领受人和使用人等。

印花税的税率有两种形式，即比例税率和定额税率。

（1）比例税率

对载有金额的凭证，如各类合同及具有合同性质的凭证（包括电子形式）、产权转移数据、资金账簿等，采用比例税率。

（2）定额税率

为了简化征管手续，便于操作，对无法计算金额的凭证，采用定额税率，以件为单位缴纳一定数额的税款。

表 3-6 为印花税税目税率表，销售人员可借此了解相关税目的印花税税率。

表 3-6　印花税税目税率表

税目		范围	税率	纳税人	备注
合同	购销合同	包括供应、预购、采购、购销、结合及协作、调剂等合同	按购销金额 0.3‰贴花	立合同人	
	加工承揽合同	包括加工、定作、修缮、修理、印刷、广告、测绘、测试等合同	按加工或承揽收入 0.5‰贴花	立合同人	
	建设工程勘察设计合同	包括勘察、设计合同	按收取费用 0.5‰贴花	立合同人	
	建筑安装工程承包合同	包括建筑、安装工程承包合同	按承包金额 0.3‰贴花	立合同人	
	财产租赁合同	包括租赁房屋、船舶、飞机、机动车辆、机械、器具、设备等合同	按租赁金额 1‰贴花。税额不足 1 元，按 1 元贴花	立合同人	
	货物运输合同	包括民用航空运输、铁路运输、海上运输、联运合同等	按运输费用 0.5‰贴花	立合同人	单据作为合同使用的，按合同贴花
	仓储保管合同	包括仓储、保管合同	按仓储保管费用 1‰贴花	立合同人	仓单或栈单作为合同使用的，按合同贴花

续表

税　　目		范　　围	税　　率	纳 税 人	备　　注
合同	借款合同	银行及其他金融组织和借款人签订的借款合同	按借款金额 0.05‰贴花	立合同人	单据作为合同使用的，按合同贴花
	财产保险合同	包括财产、责任、保证、信用等保险合同	按投保金额 0.03‰贴花	立合同人	不包括再保险合同 单据作为合同使用的，按合同贴花
	技术合同	包括技术开发、转让、咨询、服务等合同	按所载金额 0.3‰贴花	立合同人	
产权转移书据		包括财产所有权、版权、商标专用权、专利权、专有技术使用权等转移书据	按所载金额 0.5‰贴花	立据人	
营业账簿		对记载资金的营业账簿征收印花税，对其他的营业账簿不征收印花税	按实收资本（股本）、资本公积的合计数 0.25‰贴花	立账簿人	
权利、许可证照		包括政府部门发放的不动产权证书、营业执照、商标注册证、专利证等	5 元每件	领受人	

消费税的征税税目及税率

消费税是以特定消费品为课税对象所征收的一种税，属于流转税的范畴。在对货物普遍征收增值税的基础上，选择部分消费品再征收一道消费税，因此，消费税纳税人同时也是增值税纳税人。

消费税比较特殊，其具有以下六点特征。

①消费税征税项目具有选择性。

②按不同的产品设计不同的税率，同一产品同等纳税。

③消费税是价内税，是价格的组成部分。

④消费税实行从价定率、从量定额、从价从量复合计征三种方法征税。有关计税公式如下所示：

实行从价定率办法计算的应纳税额 = 销售额 × 适用税率

实行从量定额办法计算的应纳税额 = 销售数量 × 单位税额

⑤消费税征收环节具有单一性。

⑥消费税具有税收负担转嫁性，最终都将税负转嫁到消费者身上。

作为销售人员应该了解自己所销售的商品是否属于特殊商品，是否会涉及消费税的征收，这样能够在一定程度上更了解自己所处的行业。另外，很多企业会根据员工销售额来提成，若是计算提成的销售额基数需要扣除税金，那么消费税的多少对销售人员也有很大影响。因此，销售人员应该重点了解消费税的征收范围和税率。

消费税的征收范围包括生产应税消费品、委托加工应税消费品、进口应税消费品、零售应税消费品、批发销售卷烟。具体的消费税税目有 15 个——烟、酒、高档化妆品、贵重首饰及珠宝玉石、鞭炮 / 焰火、成品油、摩托车、小汽车、高尔夫球具、高档手表、游艇、木制一次性筷子、实木地板、电池、涂料。表 3-7 为消费税税目税率表。

表 3-7 消费税税目税率表

税 目	税 率
一、烟	
1. 卷烟	
（1）甲类卷烟	56% 加 0.003 元 / 支（生产环节）
（2）乙类卷烟	36% 加 0.003 元 / 支（生产环节）
（3）批发环节	11% 加 0.005 元 / 支
2. 雪茄烟	36%
3. 烟丝	30%

续表

税　　目	税　　率
二、酒及酒精 1. 白酒 2. 黄酒 3. 啤酒 （1）甲类啤酒 （2）乙类啤酒 4. 其他酒	 20% 加 0.5 元 /500 克（或者 500 毫升） 240 元 / 吨 250 元 / 吨 220 元 / 吨 10%
三、高档化妆品	15%
四、贵重首饰及珠宝玉石 1. 金银首饰、铂金首饰和钻石及钻石饰品 2. 其他贵重首饰和珠宝玉石	 5% 10%
五、鞭炮、焰火	15%
六、成品油 1. 汽油 2. 柴油 3. 航空煤油 4. 石脑油 5. 溶剂油 6. 润滑油 7. 燃料油	 1.52 元 / 升 1.20 元 / 升 1.20 元 / 升 1.52 元 / 升 1.52 元 / 升 1.52 元 / 升 1.20 元 / 升
七、摩托车 1. 气缸容量 250 毫升的 2. 气缸容量在 250 毫升（不含）以上的	 3% 10%
八、小汽车 1. 乘用车 （1）气缸容量（排气量，下同）在 1.0 升（含）以下的 （2）气缸容量在 1.0 升以上至 1.5 升（含）的 （3）气缸容量在 1.5 升以上至 2.0 升（含）的 （4）气缸容量在 2.0 升以上至 2.5 升（含）的 （5）气缸容量在 2.5 升以上至 3.0 升（含）的 （6）气缸容量在 3.0 升以上至 4.0 升（含）的 （7）气缸容量在 4.0 升以上的 2. 中轻型商用客车 3. 超豪华小汽车（每辆不含税零售价格 130 万元及以上的乘用车和中轻型商用客车）	 1% 3% 5% 9% 12% 25% 40% 5% 10%（零售环节）
九、高尔夫球及球具	10%
十、高档手表	20%
十一、游艇	10%

续表

税目	税率
十二、木制一次性筷子	5%
十三、实木地板	5%
十四、涂料	4%
十五、电池	4%

附加税费也需要销售人员了解

企业在经营过程中常见的附加税费包括城市维护建设税、教育费附加和地方教育附加，所谓附加税费是随正税加征的税费，一般来说以正税的实际缴纳税额为征税标准，如城市维护建设税是以增值税、消费税的实际缴纳税额之和作为计税依据的。

作为企业的销售人员应该了解一些企业需缴纳的附加税费，以及不同附加税费的税率和费率。

（1）城市维护建设税

城市维护建设税是以纳税人实际缴纳的增值税、消费税税额为计税依据所征收的一种税，其特征如图 3-1 所示。

以纳税人实际缴纳的增值税和消费税税额为计税依据，增值税、消费税同时缴纳。

加强城市的维护建设，扩大和稳定城市维护建设资金的来源。

图 3-1

城建税（城市维护建设税的简称）的纳税人为在中华人民共和国境内缴纳增值税、消费税的单位和个人。该税的征税范围包括城市、县城、建制镇以及税法规定征税的其他地区。

城建税实行差别比例税率，根据纳税人所在地区的不同，设置了三档比例税率。

- 纳税人所在地在市区的，税率为 7%。
- 纳税人所在地在县城、镇的税率为 5%。
- 纳税人所在地不在市区、县城、县属镇的，税率为 1%。

城建税的纳税环节确定在纳税人缴纳增值税、消费税的环节上，从商品生产到消费流转，过程中只要发生增值税、消费税中一种税的纳税行为，就要以这种税的实际缴纳税额为依据计算缴纳城市维护建设税。

应纳税额 =（实际缴纳的增值税 + 消费税）× 适用税率

【例 3–1】

×× 公司是小规模纳税人，在成都市大邑县经营文具产品的加工和销售，当月含税销售收入 10 000.00 元，公司当月没有其他减免税项目，适用的城建税税率为 5%，该公司应缴纳的增值税额为：

$$[10\,000.00 \div (1+3\%)] \times 3\% = 291.26\text{（元）}$$

在实际缴纳增值税的基础上，该公司应缴纳的城建税为：

$$291.26 \times 5\% = 14.56\text{（元）}$$

【例 3–2】

×× 公司是一般纳税人，在南京市经营服装生产与销售，当月含税销售收入 350 000.00 元，当月进项税额为 40 000.00 元，使用的城建税税率为 7%，那么：

销项税额 =［350 000.00÷（1+13%）］×13%=40 265.49（元）

应纳增值税税额 = 销项税额 − 进项税额 =40 265.49−40 000.00=265.49（元）

在实际缴纳增值税的基础上，该公司应缴纳的城建税为：

265.49×7%=18.58（元）

对于城建税，国家也有相应的减免规定，如对进口货物或者境外单位和个人向境内销售劳务、服务、无形资产缴纳的增值税、消费税税额，不征收城市维护建设税。

（2）教育费附加

教育费附加的纳税人为税法规定的缴纳增值税、消费税的单位和个人，以纳税人实际缴纳的增值税、消费税的税额为计费依据，现行的征收比率为3%。

应纳教育费附加 =（实际缴纳的增值税 + 消费税）×3%

【例 3−3】

××公司是小规模纳税人，当月含税销售收入 20 000.00 元，该公司应缴纳的增值税额为：

［20 000.00÷（1+3%）］×3%=582.52（元）

在实际缴纳增值税的基础上，该公司应缴纳的教育费附加为：

582.52×3%=17.48（元）

【例 3−4】

××公司是一般纳税人，当月含税销售收入 500 000.00 元，当月进项税额为 48 000.00 元，那么：

销项税额 =［500 000.00÷（1+13%）］×13%=57 522.12（元）

应纳增值税税额 = 销项税额 − 进项税额 =57 522.12−48 000.00=9 522.12（元）

在实际缴纳增值税的基础上，该公司应缴纳的教育费附加为：

9 522.12 × 3%=285.66（元）

（3）地方教育附加

地方教育附加是指根据国家有关规定，开征的一项地方政府性基金，该收入主要用于各地方的教育经费的投入补充。

按照地方教育附加使用管理规定，在各省、直辖市的行政区域内，凡缴纳增值税、消费税的单位和个人，都应按规定缴纳地方教育附加。

地方教育附加以单位和个人实际缴纳的增值税、消费税的税额为计征依据，与增值税、消费税同时计算征收。

地方教育附加 =（实际缴纳的增值税 + 消费税）× 2%

企业所得税的税收优惠

企业所得税是对企业生产经营所得和其他所得征收的一种所得税，与企业的销售收入有密不可分的关系，因此，销售人员应该对企业所得税的征税对象、计算方式和优惠方式等有基本的认识。

在中华人民共和国境内，企业和其他取得收入的组织（以下统称企业）为企业所得税的纳税人，包括各类企业、事业单位、社会团体、民办非企业单位和从事经营活动的其他组织。注意，个人独资企业、合伙企业不属于企业所得税纳税义务人。

企业所得税采取收入来源地管辖权和居民管辖权相结合的双管辖权，把企业分为居民企业和非居民企业，分别确定不同纳税义务。

- 居民企业：指依法在中国境内成立，或者依照外国（地区）法律成立但实际管理机构在中国境内的企业。
- 非居民企业：指依照外国（地区）法律成立且实际管理机构不在中国境内，但在中国境内设立机构、场所的，或者在中国境内未设立机构、场所，但有来源于中国境内所得的企业。

企业所得税的征税对象不同，其计税依据也不同。居民企业应当就其来源于中国境内、境外的所得缴纳企业所得税。

而对于非居民企业来说，在中国境内设立机构、场所的，应当就其所设机构、场所取得的来源于中国境内的所得，以及发生在中国境外但与其所设机构、场所有实际联系的所得，缴纳企业所得税。

非居民企业在中国境内未设立机构、场所的，或者虽设立机构、场所但取得的所得与其所设机构、场所没有实际联系的，应当就其来源于中国境内的所得缴纳企业所得税。

企业以货币形式和非货币形式从各种来源取得的收入，为收入总额。主要包括以下内容。

- 销售货物收入。
- 提供劳务收入。
- 转让财产收入。
- 股息、红利等权益性投资收益。
- 利息收入。
- 租金收入。
- 特许权使用费收入。

◆ 接受捐赠收入。

◆ 其他收入。

企业所得税的税率为比例税率，居民企业为 25%，非居民企业为 10%。

企业应纳税额 = 当期应纳税所得额 × 适用税率 − 减免税额 − 抵扣税额

应纳税所得额 = 收入总额 − 准予扣除项目金额（包括不征税收入、免税收入、各项扣除、以前年度亏损）

企业所得税根据不同行业、不同地区，会有一些税收减免优惠，表 3-8 为常见的几种税收优惠方式。

表 3-8　税收优惠方式

优惠方式	具体方式	适用范围
直接减免	免征	1.蔬菜、谷物、油料、豆类、水果等种植 2.农作物新品种选育 3.中药材种植 4.林木的培育和种植 5.牲畜、家禽饲养 6.林产品采集 7.灌溉、农产品初加工、农机作业与维修，农、林、牧、渔服务业项目 8.远洋捕捞
	减半征收	1.花卉、茶及饮料作物、香料作物的种植 2.海水养殖、内陆养殖
定期减免	2 免 3 减半（自取得第一笔生产经营收入所属纳税年度起）	1.经济特区和上海浦东新区重点扶持的高新企业 2.境内新办软件企业（获利） 3.小于 0.8 微米的集成电路或生产企业等
	3 免 3 减半（自取得第一笔生产经营收入所属纳税年度起）	1.国家重点扶持的公共基础设施项目 2.符合条件的环境保护、节能节水项目 3.节能服务公司实施合同能源管理项目
低税率	20%	小型微利企业：工业企业年度应纳税所得额不超过 100 万元，从业人数不超过 100 人，资产不超过 3 000 万元；其他企业年度应纳税所得额不超过 100 万元，从业人数不超过 80 人，资产总额不超过 1 000 万元

续表

优惠方式	具体方式	适用范围
低税率	15%	1. 国家重点扶持的高新技术企业和技术服务型企业 2. 投资超过 80 亿元的、线宽小于 0.25μm 的集成电路生产企业 3. 西部开发鼓励类产业企业
	10%	1. 非居民企业优惠 2. 国家布局内重点软件企业
加计扣除	据实扣除后加计扣除 50%	1. 研究开发费用 2. 形成无形资产的按成本 150% 摊销
	据实扣除后加计扣除 100%	企业安置残疾人员所支付的工资
投资抵所得税或抵税额	投资额的 70% 抵扣所得额	投资中小高新技术 2 年以上的创投企业（股权持有满 2 年）
	投资额的 10% 抵扣应纳税额	购置并实际使用的环保、节能节水、安全生产等专用设备
加速折旧	缩短折旧年限（不得低于规定折旧年限的 60%）	1. 由于技术进步，产品更新换代较快的固定资产 2. 常年处于强震动、高腐蚀状态固定资产
有免征额优惠	居民企业转让技术所有权所得 500 万元	1. 所得不超过 500 万元的部分，免税 2. 超过 500 万元的部分，减半征收

避免不正当的纳税行为

由前面的小节我们可以知道，在销售经营活动中，企业承担着相关纳税义务，然而在实际操作中，有的企业会做出偷税、逃税、骗税的行为，涉及人员可能包括财务人员、销售人员、采购人员以及管理人员。这些行为显然都是违法的，是企业应当极力避免的。

（1）偷税行为

偷税是指纳税人以不缴或者少缴税款为目的，故意违反税收法规，采用欺骗、隐瞒等方式逃避纳税的违法行为。

根据《中华人民共和国税收征收管理法》（以下简称《税收征管法》）第六十三条规定，偷税的手段主要有以下几种。

①纳税人伪造、变造、隐匿、擅自销毁账簿、记账凭证。

②在账簿上多列支出或者不列、少列收入。

③经税务机关通知申报而拒不申报。

④进行虚假的纳税申报，如不如实填写或者提供纳税申报表、财务会计报表及其他的纳税资料等。

一旦出现偷税行为，根据《税收征管法》第六十三条规定，需要承担相应责任。

对纳税人偷税的，由税务机关追缴其不缴或者少缴的税款、滞纳金，并处不缴或者少缴的税款百分之五十以上五倍以下的罚款；构成犯罪的，依法追究刑事责任。

（2）逃税行为

逃税泛指使用不合法的手段企图不支付有关的课税。在大多数国家，逃税是刑事犯罪，案情严重者可被判处死刑。与偷税的区别是，逃税往往构成了刑事犯罪。

根据《中华人民共和国刑法》第二百零一条规定：“纳税人采取欺骗、隐瞒手段进行虚假纳税申报或者不申报，逃避缴纳税款数额较大并且占应纳税额百分之十以上的，处三年以下有期徒刑或者拘役，并处罚金；数额巨大并且占应纳税额百分之三十以上的，处三年以上七年以下有期徒刑，并处罚金。”

（3）骗税行为

骗税是指纳税人用假报出口等虚构事实或隐瞒真相的方法，经过公开的合法的程序，利用国家税收优惠政策，骗取减免税或者出口退税的行为。主要有两种表现形式 .

- 一是骗取减免税。
- 二是骗取出口退税。

与偷税比较，骗税具有明显的公开欺骗性，并在表面上具有合法性。据《税收征管法》第六十六条规定："以假报出口或者其他欺骗手段，骗取国家出口退税款的，由税务机关追缴其骗取的退税款，并处骗取税款一倍以上五倍以下的罚款; 构成犯罪的，依法追究刑事责任。对骗取国家出口退税款的，税务机关可以在规定期间内停止为其办理出口退税。"

第4章 销售人员要重点掌握的票据常识

票据是用于支付、结算货款的工具，在日常的交易活动中，购货方可能会选择不同的结算方式来完成交易。销售人员应该对这些结算方法有所了解，并知道自己在款项结清的过程中到底扮演何种角色。

发票的分类及适用范围

发票是指一切单位和个人在购销商品、提供或接受服务以及从事其他经营活动中，所开具或收取的业务凭证，是会计核算的原始依据，也是审计机关、税务机关执法检查的重要依据。

为进行内部审计及核数，每一张发票都必须有独一无二的流水账号码，防止发票重复或跳号。对于公司来讲，发票主要是公司做账的依据，同时也是缴税的凭证；而对于员工来讲，发票主要是用来报销的。发票常见的有普通发票和增值税专用发票。

普通发票。在某种程度上也称增值税普通发票，通过增值税税控系统开具的普通发票。图 4-1 为普通发票第一联。一般是增值税小规模纳税人使用，增值税一般纳税人在不能开具专用发票的情况下也可使用普通发票。包括行业发票和专用发票，前者适用于某个行业或经营业务，如商业零售统一发票、商业批发统一发票、工业企业产品销售统一发票等；后者仅适用于某一经营项目，如广告费用结算发票、商品房销售发票等。

增值税专用发票。专用于纳税人销售或者提供增值税应税项目的一种发票，是国家税务部门根据增值税征收管理需要而设定的，其基本联次为三联——发票联、抵扣联和记账联。发票联作为购买方核算采购成本和增值税进项税额的记账凭证；抵扣联作为购买方报送主管税务机关认证和留存备查的凭证；记账联作为销售方核算销售收入和增值税销项税额的记账凭证。增值税普通发票与增值税专用发票的发票规格均为 240 mm × 140 mm。图 4-2 为增值税专用发票第一联。

1100143350　　北京增值税普通发票　　№

（全国统一发票监制章　北京　国家税务总局监制）

开票日期：

税总函〔2014〕××号××××公司

购买方	名　　称： 纳税人识别号： 地 址、电 话： 开户行及账号：				密码区			
货物或应税劳务、服务名称	规格型号	单位	数　量	单　价	金　额	税率	税　额	
合　　计								
价税合计（大写）					（小写）			
销售方	名　　称： 纳税人识别号： 地 址、电 话： 开户行及账号：				备注			

收款人：　　复核：　　开票人：　　销售方：（章）

第一联：记账联　销售方记账凭证

图 4-1　增值税普通发票

1100143160　　北京增值税专用发票　　№

（全国统一发票监制章　北京　国家税务总局监制）

此联不作报销、扣税凭证使用

开票日期：

税总函〔2014〕××号××××公司

购买方	名　　称： 纳税人识别号： 地 址、电 话： 开户行及账号：				密码区			
货物或应税劳务、服务名称	规格型号	单位	数　量	单　价	金　额	税率	税　额	
合　　计								
价税合计（大写）					（小写）			
销售方	名　　称： 纳税人识别号： 地 址、电 话： 开户行及账号：				备注			

收款人：　　复核：　　开票人：　　销售方：（章）

第一联：记账联　销售方记账凭证

图 4-2　增值税专用发票

比较图 4-1 和图 4-2，可以看到增值税普通发票的格式、字体、栏次、内容与增值税专用发票完全一致，只是发票名称不同。除了以上两种主要的发票类型外，还有一些比较特殊的发票，如机动车统一销售发票，为电脑六联式发票。

第一联发票联（购货单位付款凭证），印色为棕色；第二联抵扣联（购货单位扣税凭证），印色为绿色；第三联报税联（车辆购置税征收单位留存），印色为紫色；第四联注册登记联（车辆登记单位留存），印色为蓝色；第五联记账联（销货单位记账凭证），印色为红色；第六联存根联（销货单位留存），印色为黑色。

另外，机动车统一销售发票的发票代码、发票号码印色均为黑色，如图 4-3 所示。

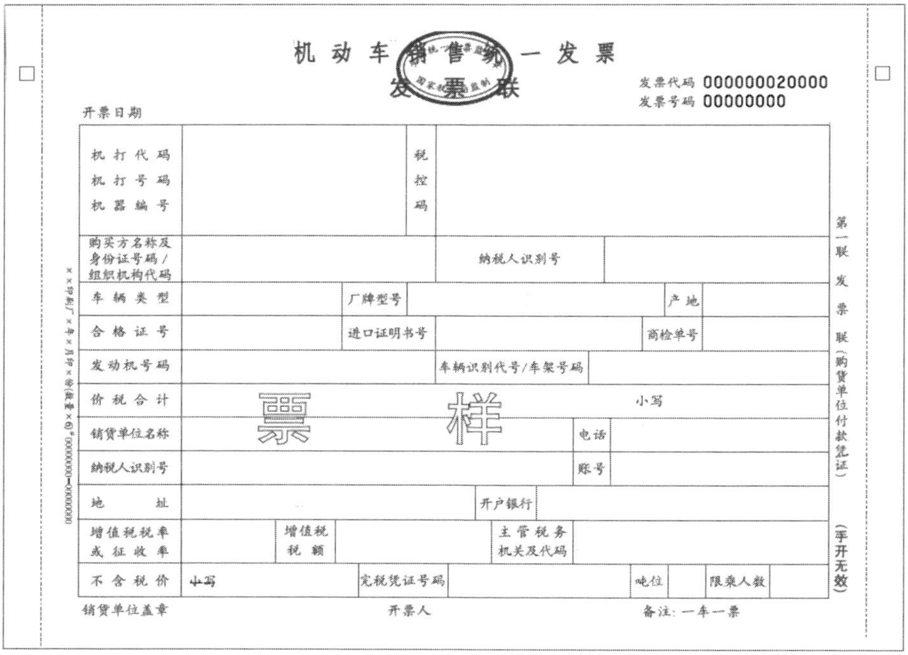
机动车销售统一发票
发票联
发票代码 000000020000
发票号码 00000000
开票日期

机打代码 机打号码 机器编号		税控码			
购买方名称及身份证号码/组织机构代码		纳税人识别号			
车辆类型		厂牌型号		产地	
合格证号		进口证明书号		商检单号	
发动机号码		车辆识别代号/车架号码			
价税合计				小写	
销货单位名称				电话	
纳税人识别号				账号	
地址		开户银行			
增值税税率或征收率		增值税税额		主管税务机关及代码	
不含税价	小写	完税凭证号码		吨位	限乘人数

销货单位盖章　　开票人　　备注：一车一票

第一联　发票联（购货单位付款凭证）

（手开无效）

票样

图 4-3　机动车统一销售发票

销售业务中增值税发票的填开

有的时候为了方便销售业务的顺利进行，企业会将增值税发票交销售人员保管，这样在完成销售业务或是预付定金时，销售人员可以及时给客户开具发票。那么有关增值税发票的填开、填写规范等基本常识，销售人员应该掌握。

首先，销售人员可以了解企业的增值税发票开具资格，主要分为税务代开和自行开票两种。

◆ **税务代开**：当部分法人单位或个人没有开具发票的资格，可以前往税务局申请代开发票（由主管税务机关代开时，要求现场缴税，所以创业者要认真核查开票信息及客户的开票需求）。

◆ **自行开票**：当企业注册完成后，就可以申请购置税控设备和发票，拥有开具发票的资格，之后公司再配备电脑和针式打印机设备，就可以开始自行开票。

没有特殊情况的话，建议企业在有业务收入后就尽早申请开票资格，自行开票，以免影响业务。而在实际的销售业务中，销售人员该如何规范填写发票呢？必须要遵守以下 8 条规定，稍有出错，发票就会作废。

①项目填写齐全，全部联次一次填开，上、下联的内容和金额需一致。

②字迹清楚，不得随意涂改。如填写有误，应另行开具增值税发票，并在误填的增值税发票上注明“误填作废”4 个字。

③发票联和抵扣联加盖单位发票专用章，不得加盖其他财务印章，发票

专用章使用红色印泥。

④纳税人开具增值税发票必须预先加盖销售方信息栏戳记，不得手工填写，一律采用机器打印。销售方信息栏戳记用蓝色印泥。

⑤开具增值税发票时，必须在合计（小写）栏数额前用“¥”符号封顶，在“价税合计（大写）”栏的大写合计数额前用“人民币”三个字封顶。

⑥购销双方单位名称必须详细填写全称，不得简写。如果单位名称较长，可在“名称”栏分上下两行填写，必要时可超出该栏的上下横线。

⑦不得拆本使用增值税发票。

⑧发票内容应按照实际销售情况如实开具，不得根据购买方要求填开与实际交易不符的内容。

根据上述注意事项，销售人员可参考图 4-4，填写相关内容。

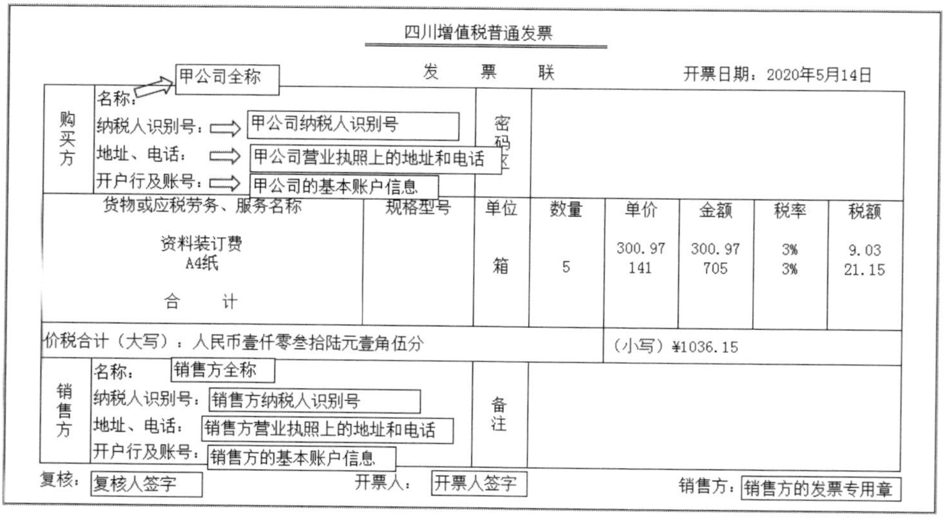
四川增值税普通发票

发票联　　开票日期：2020年5月14日

购买方
名称：甲公司全称
纳税人识别号：甲公司纳税人识别号
地址、电话：甲公司营业执照上的地址和电话
开户行及账号：甲公司的基本账户信息
密码区

货物或应税劳务、服务名称	规格型号	单位	数量	单价	金额	税率	税额
资料装订费				300.97	300.97	3%	9.03
A4纸		箱	5	141	705	3%	21.15
合　计							

价税合计（大写）：人民币壹仟零叁拾陆元壹角伍分　（小写）¥1036.15

销售方
名称：销售方全称
纳税人识别号：销售方纳税人识别号
地址、电话：销售方营业执照上的地址和电话
开户行及账号：销售方的基本账户信息
备注

复核：复核人签字　开票人：开票人签字　销售方：销售方的发票专用章

图 4-4　增值税普通发票

在保管增值税发票时，相关销售人员要谨慎细致。但若是不慎遗失，该如何处理呢？根据图 4-5 所示的方法处理。

一般纳税人丢失已开具发票的抵扣联，如丢失前已认证相符的，可使用增值税发票联复印件留存备查；如果丢失前未认证的，可使用增值税发票的发票联到主管机关认证，发票联复印件留存备查。

一般纳税人丢失已开具发票的发票联，可以将发票抵扣联作为记账凭证，抵扣联复印件留存备查。

图 4-5　增值税发票遗失处理方法

销售人员也要学会鉴别发票的真伪

作为销售人员，因业务发展可能每天都会接触发票，为了避免出现发票被人调包或是外出办事时收到假发票等情况让企业蒙受损失，销售人员要掌握鉴别发票真伪的方法。首先，销售人员应该对增值税发票的一些特征有所了解。

增值税发票有三个主要特征，一是在发票联和抵扣联印有防伪水印图案，背面对光检查可以看到，中间有正反拼音字母“shui”；二是发票联和抵扣联的票头套印的全国统一发票监制章有红色荧光防伪标记；三是发票联和抵扣联的中间采用无色荧光油墨套印“国家税务总局监制”字样，左右两边各印有花玫图案。

根据增值税发票的这些特征，我们可以总结出几个有效而实用的发票鉴别方法，见表 4-1。

表 4-1　发票真伪的鉴别方法

鉴别方式	具体内容
查看印章	1. 印章模糊不清或无印章。有的饭店或旅馆会开具假发票逃税，同时为了推卸责任保护自己，故意将印章印得模糊不清或拒绝盖章，销售人员一不注意就会收到假发票 2. 使用已倒闭经营户的公章。有的经营店铺或企业虽然已经倒闭，但公章却没有依法收缴，这样为开具虚假发票提供了便利 3. 印章经营范围与开票内容不符。如有的发票开具内容是副食品，而加盖的却是某商场服装专柜的销售专用章
规范程度	某些发票在开具的规范性上不符合《中华人民共和国发票管理办法》的有关规定，如无开具日期
发票版式	不同时期有不同的发票版式，发票实行不定期换版制度，如果发现逾期旧版发票，销售人员应该引起重视，审查比较同期发票的新旧程度，看是否属于早已废弃不用的发票
填写字迹是否位移	税务机关指定的企业在印制装订发票时，各联次的纵横行列都是对齐的，有固定位置。如果发票各联填写的字迹有不正常的位移现象，就很有可能存在问题
填写内容	看发票报销联的抬头、时间、数量、单价、金额是否填写齐全；看发票物品名称是否具体、正确、清楚，如类目名称——办公用品、百货、日杂、食品

增值税专用发票相对来说比较特殊，还可以通过以下两个方法来鉴别真伪。

防伪油墨颜色。发票各联次左上方的发票代码使用的是防伪油墨印制，通过外力摩擦，会产生红色擦痕，可用白纸摩擦发票代码区域来鉴别，如图 4-6 所示。

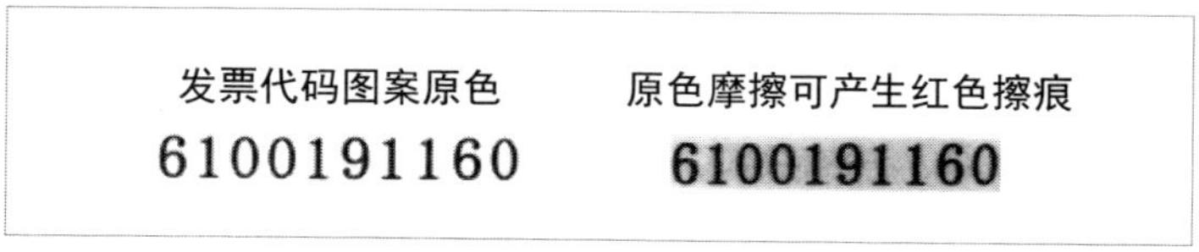

图 4-6　增值税专用发票鉴别

专用异型号码。发票各联次右上方的发票号码为专用异型号码，字体为专用异型变化字体，如图 4-7 所示。

9876543210

图 4-7　专用异型变化字体

除了懂得鉴别的知识和方法外，销售人员还可以借助工具来查询真伪，如下所示。

①电话查询，可以通过拨打 12366 查询发票真伪，输入“发票代码”“发票号码”和“发票密码”即可进行查询。

② App 查询，现在市面上有很多税务资讯 App，都附带有发票查询功能，如税问精选、友商发票查询、51 发票等。以税问精选为例，查询操作是怎样的呢？

下载并打开税问精选 App，即可进入 App 主页，可以看到最新的税务资讯，点击下方的“发票”按钮即可进入发票查询页面，点击“查发票”按钮，即可扫描查询，非常便捷，如图 4-8 所示。

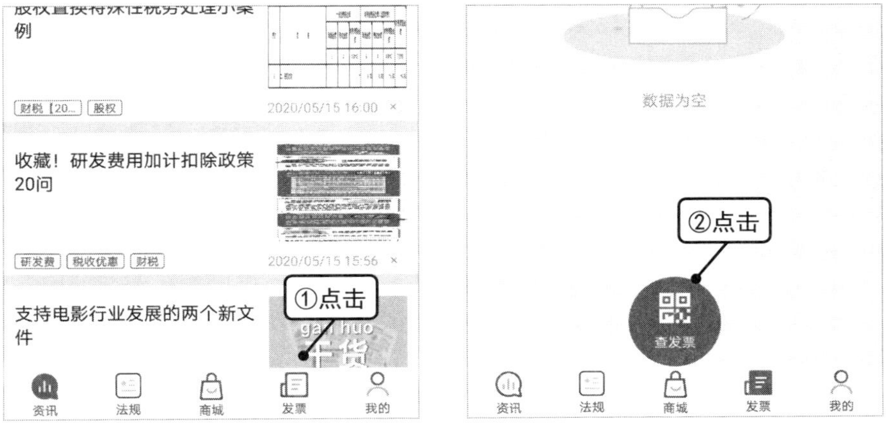

图 4-8　点击“查发票”按钮

③借助国家税务总局全国增值税发票查验平台查询。通过官方网页查询的操作又是怎样的呢？

打开浏览器输入网址，进入查询页面。要注意页面左下角几点注意事项，首次查询前需要安装“根证书”，单击操作链接即可，如图 4-9 所示。

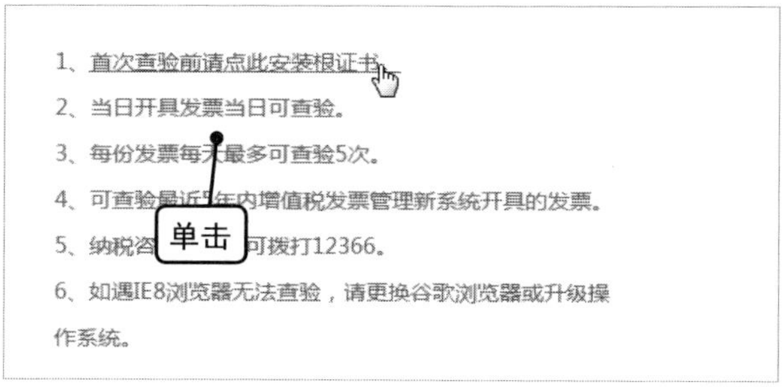

图 4-9　安装“根证书”

进入安装页面，一般单击“自动安装”按钮，然后按步骤安装即可，如图 4-10 所示。

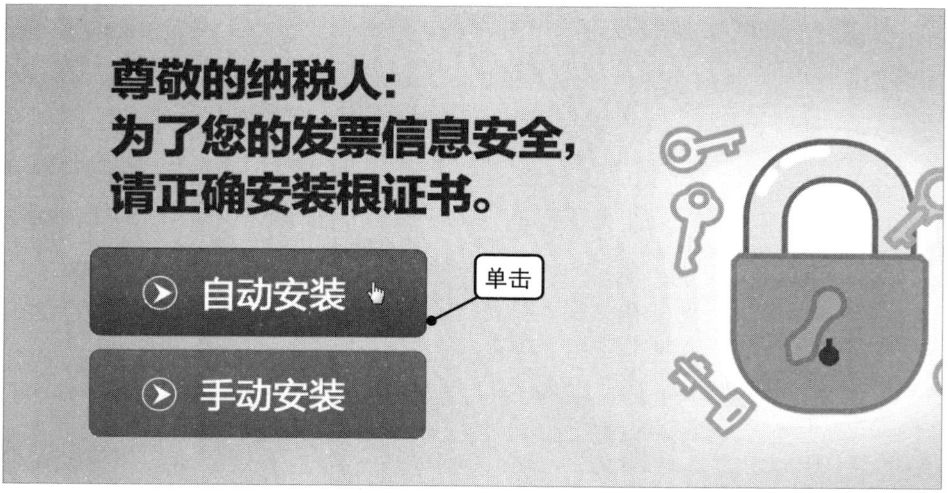

图 4-10　单击“自动安装”按钮

安装完成后，回到查询页面，根据页面列示的查询数据名称，如发票代码、发票号码、开票日期、开具金额（不含税）等，输入相关的数据，单击“查验”按钮即可对发票进行验证，如图 4-11 所示。

图 4-11　进行发票验证

知识延伸 | 使用虚假发票的后果

根据《中华人民共和国发票管理办法》第三十九条规定：“有下列情形之一的，由税务机关处1万元以上5万元以下的罚款；情节严重的，处5万元以上50万元以下的罚款；有违法所得的予以没收：

（一）转借、转让、介绍他人转让发票、发票监制章和发票防伪专用品的；

（二）知道或者应当知道是私自印制、伪造、变造、非法取得或者废止的发票而受让、开具、存放、携带、邮寄、运输的。”

所以销售人员在收到或是发觉自己使用的是虚假发票时，应该立即告诉财务部相关人员进行处理，以免让公司受到经济损失，或是让自己受到处罚。

销售人员要保管好发票

销售人员因为业务的需要会使用发票，同时也会保管一部分发票，当发票在销售人员手里时，销售人员一定要保证发票完好无损、没有遗失。

对于企业来说，必须严格遵守国家和主管税务机关指定的发票管理办法，完善企业内部的发票保管制度，培训并监督企业员工保管好发票。企业一般会对部门领用、登记、保管发票等事务进行相关规定。如下所示为某公司的发票领用保管规定。

为规范我公司发票保管情况，根据《中华人民共和国发票管理办法》及其他有关规定，结合企业实际情况，特制定本规定。

1. 采购部或是销售部使用发票，必须在财务部办理领用、登记手续。财务人员必须在登记簿上登记其他部门领用发票日期、数量、起止号码等，并由领用人签字盖章确认。

2. 销售人员根据客户的订金金额和订单实际金额开具发票，未经公司批准，任何人不得多开发票。

3. 发票使用必须严格按照国家税务部门要求以及公司规定进行，领用部门和单位必须在规定的用途范围内使用，不得代开、转借、转让票据。

4. 各种票据不得随意涂改、挖补及撕毁，若有作废，必须加注作废标记，且全部联次完整保留在票据本上，不能有缺号或缺联。

5. 领用发票使用完后需向公司进行核销，由公司票据专管人员复核发票使用情况，包括有无缺号和作废发票，并进行登记，领用人和复核人应签字确认。

6. 领用发票如有遗失和被窃等情况，应查清编号及时报告公司。

7. 财务部有权定期或不定期地对发票的使用情况进行监督、检查。

8. 对于作废的发票，不得刮开或损毁密码区覆盖层，否则属于发票违章行为，追究当事人责任。

9. 各销售人员根据当月开出的发票，填写发票使用控制表，内容应包括账单号、发票号和金额等。

10. 禁止任何人开具空头发票，特殊情况必须经总经理签字批准。

11. 任何违反企业发票保管制度的情况将严肃处理和追究。

本规定如与有关法律法规相抵触的按有关法律法规执行。

本规定自公布之日起执行。

××有限公司

2020 年 5 月 19 日

销售人员在领用、使用发票之前，就要对企业有关规定进行系统学习，以免有哪些地方做得不够完善，导致发票使用不当。

销售业务中常见的支付、结算手段

销售人员在开展销售活动时，一定会遇到支付、结算等相关情况，为了完成销售任务，销售人员需要对支付、结算等财务知识有所了解。国内常见的支付、结算手段有 6 种。

（1）汇票

汇票是最常见的票据类型之一，包括银行汇票和商业汇票。其中银行汇票是签发人为银行，付款人也为银行的汇票，由出票银行签发，由其在见票时按照实际结算金额无条件付给收款人或者持票人的票据。

无论是企业，还是个人，都可以借助银行汇票结算各种款项。银行汇票一式四联，第一联为卡片，为兑付行支付票款时作付出传票；第二联为银行汇票，与第三联解讫通知一并由汇款人自带，在兑付行兑付汇票后，此联做银行往来账付出传票；第三联解讫通知，在兑付行兑付后随报单寄给签发行，由签发行做余款收入传票；第四联是多余款通知，在签发行结清款项后交汇款人。图 4-12 为银行汇票第二联。

付款期限　个月

××银行
银行汇票

××××××

出票日期（大写）：　年　月　日	代理付款行：　行号：
收款人：	
出票金额　人民币（大写）	（压数机压印小写金额）
实际结算金额　人民币（大写）	千 百 十 万 千 百 十 元 角 分

申请人：　　账号或地址：

出票行：　行号：

备注：

凭票付款
出票行签章

多余金额	科目（借）：
千 百 十 万 千 百 十 元 角 分	对方科目（贷）：
	兑付日期：　年　月　日
	复核　记账

图 4-12　银行汇票第二联

银行汇票的有些内容是必须要填写的，如在银行汇票上未进行记载，则汇票无效，具体规定了哪些事项必须填写呢？主要有以下 7 处。

◆ 表明“银行汇票”的字样。

◆ 无条件支付的承诺。

◆ 发票金额。

◆ 付款人名称。

◆ 收款人名称。

◆ 出票日期。

◆ 出票人签章（汇票专用章、经办人员名章）。

银行汇票是如何结算的呢？主要涉及 4 个主体，具体程序如图 4-13 所示。

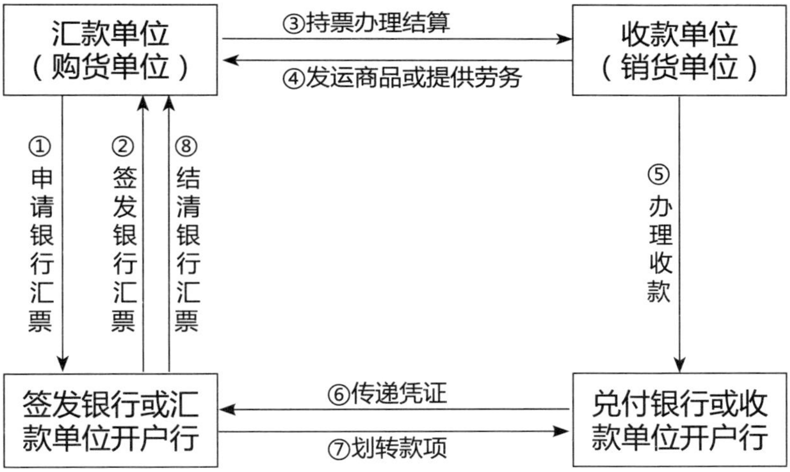

图 4-13　银行汇票结算程序

（2）银行本票

银行本票是申请人将款项交存银行，由银行签发的承诺自己在见票时无条件支付确定的金额给收款人或者持票人的票据。银行本票适用于单位和个人的各种款项结算，不过其适用范围应在同一票据交换区域内。银行本票按照其金额是否固定可分为不定额和定额两种。

不定额银行本票。指凭证上金额栏是空白的，签发时根据实际需要填写金额（起点金额为 100 元），并用压数机压印金额的银行本票。图 4-14 为不定额银行本票。

付款期限 个月	××银行 本　票		××××××
	出票日期（大写）　年　月　日		
收款人：		申请人：	
凭票即付　人民币（大写）	（压数机压印小写金额）		
转账　现金 备注	出票行签章	科目（借）： 对方科目（贷）： 付款日期：　年　月　日 出纳　复核　经办	

图 4-14　不定额银行本票

定额银行本票。指凭证上预先印有固定面额的银行本票，面额有 1 000 元、5 000 元、1 万元和 5 万元的，其提示付款期限自出票日起最长不得超过两个月。

银行本票上须填写以下 6 项内容，否则就是无效的。销售人员了解这方面的知识也可以判断出一张银行本票的合法性与合规性。

- 表明“银行本票”的字样。
- 无条件支付的承诺。
- 确定的金额。
- 收款人名称。
- 出票日期。
- 出票人签章。

而企业作为收款方，安排相关人员受理银行本票时，要注意审查下列事项。

①收款人是否确为本单位或本人。

②银行本票是否在提示付款期限内。

③必须记载的事项是否齐全。

④出票人签章是否符合规定，大小写发票金额是否一致。

⑤出票金额、出票日期、收款人名称是否更改，更改的其他记载事项是否由原记载人签章证明等。

（3）支票

支票是出票人签发的，委托办理支票存款业务的银行或者其他金融机构在见票时无条件支付确定的金额给收款人或者持票人的票据。支票可分为现金支票、转账支票和普通支票。图 4-15 为现金支票。

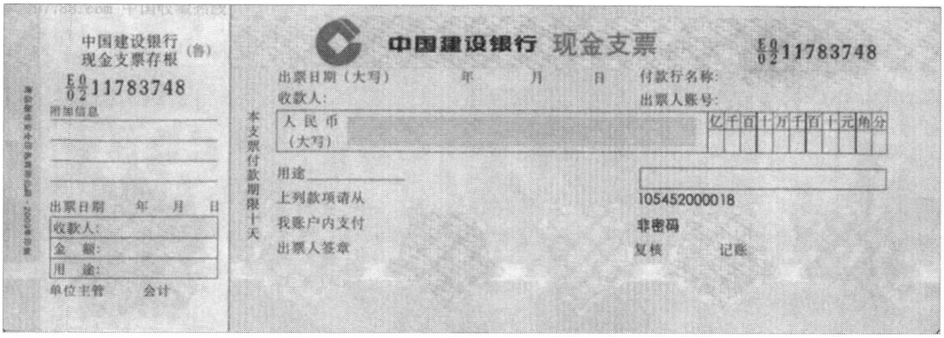
中国建设银行
现金支票存根（鲁）
E0 02 11783748
附加信息
出票日期　年　月　日
收款人:
金　额:
用　途:
单位主管　会计

本支票付款期限十天

中国建设银行　现金支票　E0 02 11783748
出票日期（大写）　年　月　日　付款行名称:
收款人:　出票人账号:
人民币（大写）　亿 千 百 十 万 千 百 十 元 角 分
用途
上列款项请从
我账户内支付
出票人签章
105452000018
非密码
复核　记账

图 4-15　现金支票

同城票据交换地区内的单位和个人之间的一切款项结算，均可使用支票。现在，支票实现了全国通用，连异城之间也可使用支票进行支付结算。支票作为结算方式，主要有下列特点。

①使用方便，手续简便、灵活。

②无起点金额限制，可支取现金或转账。

③支票的提示付款期限为自出票日起 10 天，到期日为节假日时顺延。

④支票可挂失。

⑤支票可以背书转让，但用于支取现金的支票不得背书转让。

（4）汇兑

汇兑是汇款人委托银行将其款项支付给收款人的结算方式，分为信汇和电汇两种，由汇款人自行选择。单位和个人的各种款项的结算，均可使用汇兑结算方式。

- **信汇**：汇款人向银行提出申请，同时交存一定金额及手续费，汇出行将信汇委托书以邮寄方式寄给汇入行，授权汇入行向收款人解付一定金额的一种汇兑结算方式。
- **电汇**：汇款人将一定款项交存汇款银行，汇款银行通过电报或电传给目的地的分行或代理行（汇入行）发出提示，指示汇入行向收款人支付一定金额的一种汇兑结算方式。

以上两种汇兑方式，信汇费用更低，但速度较慢，考虑到成本问题时一般使用信汇方式更多一些。另外，汇款人对汇出银行尚未汇出的款项可以申请撤销。销售人员可以简要了解汇兑业务的相关特点。

①不受金额起点限制。

②汇兑结算适用范围广，手续简便易行。

③除了适用于单位之间的款项划拨外，也可用于单位对异地的个人支付，或是个人对异地单位支付的有关款项。

（5）委托收款

委托收款是指收款人委托银行向付款人收取款项的结算方式，分邮寄和电报划回两种，由收款人选用。

办理委托收款主要会经过一些步骤，如图 4-16 所示。

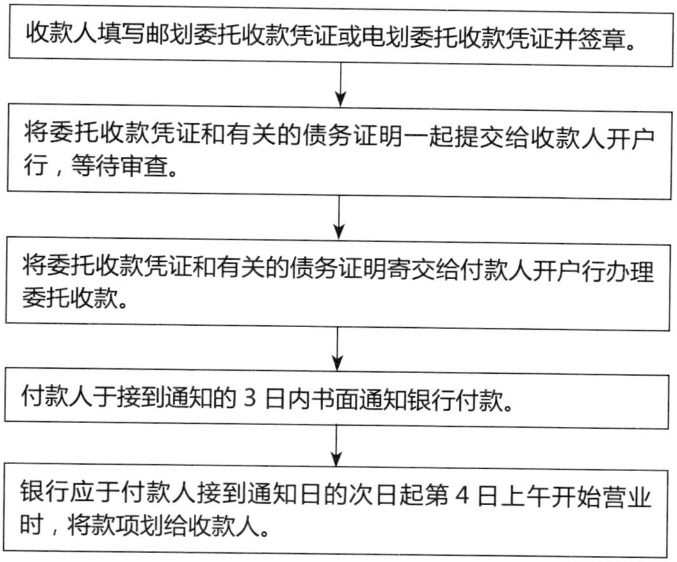

图 4-16　办理委托收款的步骤

（6）信用证

信用证一般用于国际贸易，是指银行根据进口人（买方）的请求，开给出口人（卖方）的一种保证承担支付货款责任的书面凭证。但也有些专门的国内信用证，主要在国内经济交易中使用。信用证方式主要有以下 3 个特点。

①信用证是一项自足文件，不依附于买卖合同，银行在审单时强调的是信用证与基础贸易相分离的书面形式上的认证。

②信用证是纯单据业务，凭单付款，不以货物为准。只要单据相符，开证行就应无条件付款。

③信用证是一种银行信用，开证银行负首要付款责任。

与销售活动相关的票据填写常识

我们了解了与销售活动有关的多种结算票据，如银行本票、汇票、支票等，而这些票据的签发人大多是银行。在实际销售活动中，需要销售人员填写的一般是收据，如图 4-17 所示。

收　据　　No1005128

日期：2020 年 5 月 20 日

收　到 [redacted]

备注：现金

金额（大写）零 拾 零 万 零 仟 伍 佰 零 拾 零 元 零 角 零 分 ￥500.00

附　注：

发据单位盖章　　会计 王伍　　出纳 张仁　　经手人

①存根（白）②收据（红）③记账（蓝）

图 4-17　收据

收据是企事业单位在经济活动中使用的原始凭证，销售人员在填写收据的时候，要遵守一定的规范，不能随意填写，以免与客户出现纠纷。

①首先需要填写日期，以收到款项的当日日期如实填写。

②在填写“收到对象”时，若对象是公司，则填写公司全称；若是个人支付的现金，也要填写清楚客户的姓名，不能有错别字。

③收款事宜也要写清楚，并以简明扼要为原则。对于销售人员来说将此次交易的商品、品牌、款式、货号、数量和金额等这几项内容进行整理并填

写即可，如“购买 ×× 款式 / 牌子的一件衬衣，货款共 ×× 元人民币整”。图 4-17 所示的收据将收到对象与收款事宜合并书写，可写作“赵 ×× 购买 ×× 款式 / 牌子的一件衬衣，货款共 ×× 元人民币整”。收据的格式并不统一，也有将收到对象与收款事宜分成两栏的格式，如图 4-18 所示。

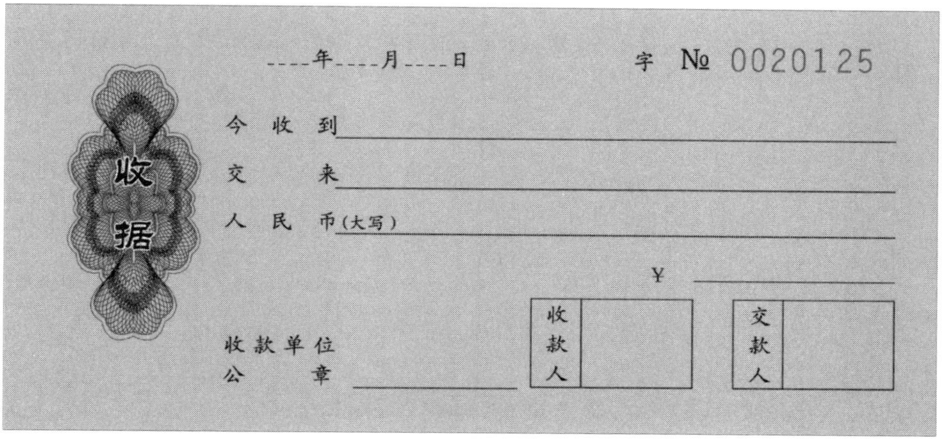

____年____月____日　　字 № 0020125

收据

今收到

交　　来

人民币（大写）

¥

收款单位公章

收款人

交款人

图 4-18　两栏收据

④收款的大写金额一定要用规定的大写汉字填写，具体包括“零、壹、贰、叁、肆、伍、陆、柒、捌、玖、拾、佰、仟、万、整（或正）”，还需注意大写金额一定要与右侧的小写金额一致，还要与收款事宜所写的金额一致。

⑤收款单位处可以只盖上单位公章或是写上本单位名称后再加盖公章。

⑥最后将第二联（一般是红色的标有客户那一联）交给付款人。

知识延伸｜收据的填写

在一般的销售业务中，购货方会先支付一部分定金，在收到货后支付余款，且在签订合同时也会对定金和余款进行相关约定。不过在销货方送货后，销售人员应该如何开具手写收据呢？一般有两种写法：“今收到××交来的余款××元。”或“今收到××交来全款××元”。其实为了避免纠纷，有更合适的写法，即“今收到××向××公司交付的编号为××合同货物余款，共计××元”。

销售人员在发票传递过程中的工作内容

在一般的销售过程中，销售人员该如何使用和处理发票？销售部门又在其中扮演什么角色呢？下面通过交易流程的不同阶段来了解销售人员的发票具体工作。

（1）合同签订阶段

经过前期考察、谈判，购销双方确定了合作意向，销售部门的负责人会与购货方约定签订合同的时间地点，具体流程如图 4-19 所示。

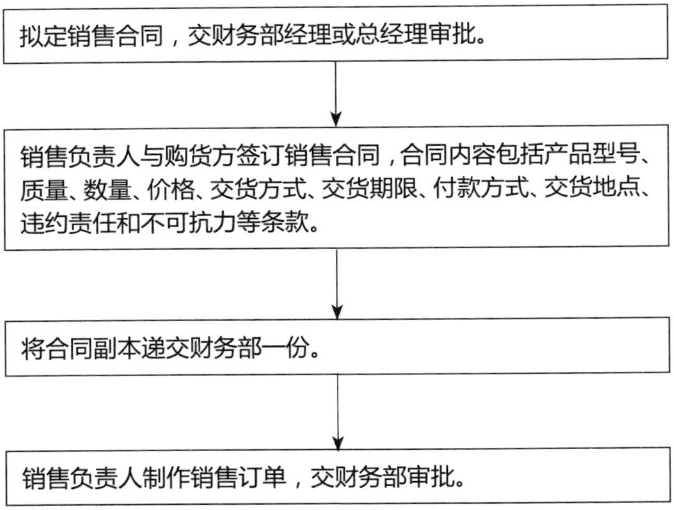

图 4-19　合同签订具体流程

在前期签订销售合同时，还不会涉及发票的开具和处理问题，不过，这是在没有定金的前提下。在此阶段销售人员主要的工作有三项，一是签订合同，二是交合同副本给财务部，三是根据销售合同制作销售订单。

表 4–2 为销售订单的模板。

表 4–2　销售订单

编号：____________

客户名称		联系人		客户编码		电话	
送货地址				送货要求			
序号	类别	商品名称	型号	单价	数量	合计	贸易条件
1							
2							
3							
4							
5							
6							
7							
8							
销售人员		销售部经理			财务主管	总经理	
财务人员收款确认：____________							

有了销售订单，后续的工作，如发货、发票开出、货款收回等都会方便很多。

（2）开具销货发票

在货物准备好后，购销双方就要按照合同约定的时间和地点完成交易，涉及的流程如下所示。

①销售开票员根据销售订单或销售合同开具销货发票（一般纳税人开具增值税专用发票）。

②增值税发票的类别不同，联数也不同，不过销售人员或是销售开票员要保存第一联（记账联），这是销售方的记账凭证。

③第二联（发票联）需要交与购货方用于记账。

④发票开好后，除了交与买方的联次外，其余的都要统一交给财务部办理结算手续。

⑤针对每一次交易，销售人员需要根据发票记账联与存根联，编制销售日报，与发票记账联和存根联一并交财务部门保管。

在该阶段销售人员要做的主要工作有 4 项。

一是经授权后开具发票，接收货款。

二是将购货方需要的发票联次交与对方。

三是将发票剩余联次和货款统一交给财务部，结清款项。

四是编制销售日报，将当天发生的交易统一上报。

货款清理的基本程序

在销售交易中，货款的接收、整理、结算工作都非常重要，而销售人员在这个过程中会负责哪些工作和事项呢？

①销售人员交货，再核对销售发票填写的购货公司名称、产品名称、产

品数量及金额等是否正确。

②审核无误后，销售人员按照发票票面金额收取货款。若购货方通过银行转账的方式结账，销售人员应该向本公司开户行确认货款是否到账；若购货方使用支票或汇票结算，销售人员应按相关处理程序完成货款的收取。

③确认货款收到后，销售人员需进行金额盘点，之后在发票上加盖“现金收讫”或“转账收讫”的戳记。

④每日结束工作后，需将当天的已收货款清点并整理好，做一份收款报表交与财务部出纳。表 4-3 为销售业务和收款报表模板。

表 4-3　销售业务和收款报表

年　月　日

序号	客户名称	销货单号码	付款银行号码	发票人或账号	收回金额							
					十	万	千	百	十	元	角	分
1												
2												
3												
4												
5												
6												
7												
合计												
说明					今日收款核计							
总经理：		会计：		出纳：			经办人：					

⑤出纳会将收到的现金贷款送存银行，并将回单交给会计保管。

通过这 5 个步骤可了解销售环节中货币资金的传递顺序，以及销售人员在其中扮演的角色，一是核对货品数量及金额，二是按发票数额收取货款，三是盘点货款交与出纳，四是编制收款报表，对工作进行总结。

鉴别伪造发票

伪造发票是非常严重的违法行为，销售人员不但要避免伪造发票，还要注意识别伪造发票，以免间接参与到违法活动中，影响企业的经济业务和发展。然而实际工作中为了能中饱私囊，相关人员伪造发票的手段也是层出不穷，只有多加了解才能不出差错。一般来说，有两种类型的假发票，一是在市场上倒卖的假发票，它根本就不是税务机关核发的；二是发票本身没有问题，而填写的数据所反映的经济业务是假的，属伪造经济业务事实的假发票。下面对工作中可能遇到的不合规或不合法发票的处理做相关介绍。

（1）伪造发票内容

发票内容是对经济业务的描述，而为了获得税收优惠或私扣现金，一些人员可能会隐藏真实发生的经济业务，改为列支消耗品或商品服务来躲避核查。常见的替换内容有“办公用品”“电脑耗材”“烟、酒、茶”“培训费”“宣传费”“会议费”“维修费”等。这些都是常见的需要细细核对的内容，具体需核对发票存根、发票明细表、相关消耗品，就能确定其真实合法性。

（2）发票编号异常

只要是税务机关核发的正规发票都有编号，所谓连号发票就是连续两张或两张以上发票编号相连，如 00135537、00135538 就是连号发票。而在上交发票或是报销款项时如果出现连号发票，很有可能是虚假的经济业务。比如某销售组到外地去拓展销售业务，所花费的交通费或餐饮费涉及连号发票，则发票的开具很可能存在问题，有些交通费或餐饮费可能根本没有发生，但都要求开票方开具了发票。

所以为了防止违规报销，一般不允许连号报账。如果出现发票连号情况，相关人员可提出质疑，仔细核对发票来源。

（3）伪造印章

企业正常的销售经营活动，其发票印章应该是清晰的；反之，如果是虚假申报，其发票印章很有可能是伪造的、不清晰的。

销售人员一旦发现这些情况，无论是自己的领导，还是组员，都应该向上级报告，以免公司的利益受损，甚至被税务机关查处。

发票的处罚规定

企业对发票的管理是非常严格的，一般都会设置相关的管理制度。为了使员工遵守相关规定，企业还会设置一些惩罚措施，如下所示为某公司发票领用管理制度的罚则规定。

第六章 罚则

第三十三条 公司将对各部门（包括财务部、销售部、采购部、行政部）发票管理情况进行检查，对存在未按照规定使用、开具、取得、保管发票的部门，对责任人每项违反规定的行为处以 500 元罚款，罚款由部门和个人交公司财务部。

第三十四条 违反本办法的规定，有下列情形之一的，公司将对每项违反规定的行为处 1 万元罚款：

一、应当开具而未开具发票，或者未按照规定的时限、顺序、栏目，全部联次一次性开具发票，或者未加盖发票专用章的。

二、拆本使用发票的。

三、扩大发票使用范围的。

四、以其他凭证代替发票使用的。

五、未按照规定缴销发票的。

六、未按照规定存放和保管发票的。

第三十五条 丢失发票或者擅自损毁发票的，依照前款规定处罚。

第三十六条 私自印制、伪造、变造发票，非法制造发票防伪专用品，伪造发票监制章的，没收、销毁作案工具和非法物品，并处 1 万元以上 5 万元以下的罚款。

知识延伸｜发票的管理办法

除了公司自行规定的惩罚措施外，中华人民共和国财政部发布了《中华人民共和国发票管理办法》，其中就对不规范的发票领用、使用行为进行了惩罚说明，包括罚款、行政处罚和追究刑事责任。所以无论是公司的销售人员，还是其他员工，甚至企业自身，都要规范自己的行为，正确使用和保管发票。

第5章

认识财务报表和销售数据中的重要指标

财务报表能反映企业经营过程中的各项重要数据和指标，帮助相关人员判断企业的经营状况，了解财务成果和现金流量情况，以调整销售计划和其他计划。财务报表上的一些重要指标能够反映企业的销售情况和回款情况，作为销售人员，应该对此有所了解。

销售人员需了解的财务报表

财务报表是反映企业一定时期资金、利润状况的会计报表，是财务报告的主要部分，主要包括资产负债表、利润表、现金流量表和所有者权益变动表。

（1）资产负债表

资产负债表是反映企业在某一特定日期（如月末、季末、年末）全部资产、负债和所有者权益情况的会计报表，它满足“资产 = 负债 + 所有者权益”平衡式。在报表中应该如何列示呢？注意如下三点。

①资产应当按照流动资产和非流动资产两大类别在资产负债表的左侧列示，在流动资产和非流动资产类别下进一步按性质分项列示。

②负债应当按照流动负债和非流动负债在资产负债表的右侧上半部分列示，在流动负债和非流动负债类别下再进一步按性质分项列示。

③所有者权益一般按照实收资本、资本公积、盈余公积和未分配利润在资产负债表的右侧下半部分分项列示。

而通过阅读资产负债表，能够帮助相关人员了解企业的财务状况，它主要从以下三个方面体现。

- 能够提供某一日期资产的总额及其结构，展示企业拥有或控制的资产及其分布情况。
- 能提供某一日期的负债总额及其结构，展示企业未来需要用多少资产或劳务清偿债务以及清偿时间等信息。
- 能反映所有者拥有的权益，据以判断资本保值、增值的情况以及对负债的保障程度。

资产负债表的格式是如何呈现的呢？一般如图 5-1 所示。

资产负债表

会企 01 表

编制单位：　　　　年　月　日　　　　单位：元

资产	期末余额	年初余额	负债和所有者权益（或股东权益）	期末余额	年初余额
流动资产：			流动负债：		
货币资金			短期借款		
交易性金融资产			交易性金融负债		
衍生金融资产			衍生金融负债		
应收票据			应付票据		
应收账款			应付账款		
预付款项			预收款项		
其他应收款			合同负债		
存货			应付职工薪酬		
合同资产			应交税费		
持有待售资产			其他应付款		
一年内到期的非流动资产			持有待售负债		
其他流动资产			一年内到期的非流动负债		
流动资产合计			其他流动负债		
非流动资产：			流动负债合计		
债权投资			非流动负债：		
其他债权投资			长期借款		
长期应收款			应付债券		
长期股权投资			其中：优先股		
其他权益工具投资			永续债		
其他非流动金融资产			租赁负债		
投资性房地产			长期应付款		
固定资产			预计负债		
在建工程			递延收益		
生产性生物资产			递延所得税负债		
油气资产			其他非流动负债		
使用权资产			非流动负债合计		
无形资产			负债合计		
开发支出			所有者权益（或股东权益）：		
商誉			实收资本（或股本）		
长期待摊费用			其他权益工具		
递延所得税资产			其中：优先股		
其他非流动资产			永续债		
非流动资产合计			资本公积		
			减：库存股		
			其他综合收益		
			专项储备		
			盈余公积		
			未分配利润		
			所有者权益（或股东权益）合计		
资产总计			负债和所有者权益（或股东权益）总计		

图 5-1　资产负债表

从图 5-1 中可以看出资产负债表的左侧列示的是有关资产一类项目，至少应包括货币资金、交易性金融资产、应收账款、预付款项、存货、一年内到期的非流动资产、可供出售金融资产、持有至到期投资、长期股权投资、投资性房地产、固定资产、生物资产、无形资产和递延所得税资产这 14 个项目。

而资产负债表的右侧列示的是负债和所有者权益类有关项目。

负债类至少应反映的项目有短期借款、交易性金融负债、应付账款、预收款项、应付职工薪酬、应交税费、一年内到期的非流动负债、长期借款、应付债券、长期应付款、预计负债和递延所得税负债。

所有者权益至少应反映的项目有实收资本（或股本）、资本公积、盈余公积和未分配利润。

（2）利润表

利润表是反映企业在一定会计期间的经营成果的财务报表。由于其反映的是某一期间的经营情况，所以，又被称为动态报表，其主要能反映以下三个方面的情况。

①反映一定会计期间收入的实现情况。

②反映一定会计期间的费用耗费情况。

③反映企业经济活动成果的实现情况，据以判断资本保值、增值等情况。

当前国际上常用的利润表格式有单步式和多步式两种。下面分别对其进行介绍。

◆ 单步式利润表。

单步式利润表是将当期所有收入列在一起，然后将所有费用列在一起，两者相减得出当期净损益，其表格结构如图 5-2 所示。

利润表

编制单位：　　　　　　　　年　月　日　　　　　　单位：元

项目	行次	本月数	本年累计数
一、收入			
主营业务收入			
其他业务收入			
投资收益			
营业外收入			
……			
收入合计			
二、费用			
主营业务成本			
其他业务成本			
税金及附加			
销售费用			
管理费用			
财务费用			
营业外支出			
所得税			
……			
费用合计			
三、净利润			

图 5-2　单步式利润表

◆ 多步式利润表。

多步式利润表是通过对当期的收入、费用、支出项目按性质加以归类，按利润形成的主要环节列示一些中间性利润指标，如营业利润、利润总额和净利润，分步计算当期净损益的财务报表。

在国内，企业一般采用多步式利润表，结构包括表头和表体两部分，如图 5-3 所示。表头包括报表名称、编表单位名称、财务报表涵盖会计期间和人民币金额单位等内容；表体包括反映经营成果的各个项目和计算过程。

利润表

会企 02 表

编制单位：　　　　年　月　　　　单位：元

项目	本期金额	上期金额
一、营业收入		
减：营业成本		
税金及附加		
销售费用		
管理费用		
研发费用		
财务费用		
其中：利息费用		
利息收入		
加：其他收益		
投资收益（损失以“-”号填列）		
其中：对联营企业和合营企业的投资收益		
以摊余成本计量的金融资产终止确认收益（损失以“-”填列）		
净敞口套期收益（损失以“-”号填列）		
公允价值变动收益（损失以“-”号填列）		
信用减值损失（损失以“-”号填列）		
资产减值损失（损失以“-”号填列）		
资产处置收益（损失以“-”号填列）		
二、营业利润（亏损以“-”号填列）		
加：营业外收入		
减：营业外支出		
三、利润总额（亏损总额以“-”号填列）		
减：所得税费用		
四、净利润（净亏损以“-”号填列）		
（一）持续经营净利润（净亏损以“-”号填列）		
（二）终止经营净利润（净亏损以“-”号填列）		
五、其他综合收益的税后净额		
（一）不能重分类进损益的其他综合收益		
1. 重新计量设定受益计划变动额		
2. 权益法下不能转损益的其他综合收益		
3. 其他权益工具投资公允价值变动		
4. 企业自身信用风险公允价值变动		
……		
（二）将重分类进损益的其他综合收益		
1. 权益法下可转损益的其他综合收益		
2. 其他债权投资公允价值变动		
3. 金融资产重分类计入其他综合收益的金额		
4. 其他债权投资信用减值准备		
5. 现金流量套期储备		
6. 外币财务报表折算差额		
……		
六、综合收益总额		
七、每股收益：		
（一）基本每股收益		
（二）稀释每股收益		

图 5-3　利润表

从图 5-3 可以了解到利润表分为“项目”、“本期金额”和“上期金额”三列，“本期金额”栏根据主营业务收入、主营业务成本、税金及附加、管理费用、销售费用、财务费用、投资收益、公允价值变动损益、资产减值损失、营业外收入、营业外支出和所得税费用等科目的发生额分析填列。“上期金额”

栏则根据上期利润表的“本期金额”栏内所列数字填列。

（3）现金流量表

现金流量表是反映企业在一固定期间（如月度、季度或年度）内，经营活动、投资活动和筹资活动对其现金及现金等价物所产生影响的财务报表，如图 5-4 所示。

现金流量表

会企 03 表

编制单位： 年 月 单位：元

项目	本月金额	本年累计金额
一、经营活动产生的现金流量：		
销售商品、提供劳务收到的现金		
收到的税费返还		
收到其他与经营活动有关的现金		
经营活动现金流入小计		
购买商品、接受劳务支付的现金		
支付给职工以及为职工支付的现金		
支付的各项税费		
支付其他与经营活动有关的现金		
经营活动现金流出小计		
经营活动产生的现金流量净额		
二、投资活动产生的现金流量：		
收回投资收到的现金		
取得投资收益收到的现金		
处置固定资产、无形资产和其他长期资产收回的现金净额		
处置子公司及其他营业单位收到的现金净额		
收到其他与投资活动有关的现金		
投资活动现金流入小计		
购建固定资产、无形资产和其他长期资产支付的现金		
投资支付的现金		
取得子公司及其他营业单位支付的现金净额		
支付其他与投资活动有关的现金		
投资活动现金流出小计		
投资活动产生的现金流量净额		
三、筹资活动产生的现金流量：		
吸收投资收到的现金		
取得借款收到的现金		
收到其他与筹资活动有关的现金		
筹资活动现金流入小计		
偿还债务支付的现金		
分配股利、利润或偿付利息支付的现金		
支付其他与筹资活动有关的现金		
筹资活动现金流出小计		
筹资活动产生的现金流量净额		
四、汇率变动对现金及现金等价物的影响		
五、现金及现金等价物净增加额		
加：期初现金及现金等价物余额		
六、期末现金及现金等价物余额		

图 5-4 现金流量表

现金流量表的编制具备以下三个方面的意义。

◆ 弥补资产负债表信息量的不足。

◆ 便于从现金流量的角度对企业进行考核。

◆ 了解企业筹措现金、生成现金的能力。

企业的经济活动不一样，所产生的现金流量情况就不一样，一般可分为三种情况。

①经营活动产生的现金流量，主要包括销售商品或提供劳务、购买商品、接受劳务、支付工资和缴纳税款等流入和流出的现金和现金等价物。

②投资活动产生的现金流量，投资活动指企业长期资产的购建和不包括在现金等价物范围内的投资及其处置活动。所产生的现金流量主要包括购建固定资产、处置子公司及其他营业单位等流入和流出的现金和现金等价物。

③筹资活动产生的现金流量，筹资活动指导致企业资本及债务规模和构成发生变化的活动，主要包括吸收投资、发行股票、分配利润、发行债券和偿还债务等流入和流出的现金和现金等价物。

（4）所有者权益变动表

所有者权益变动表是反映构成所有者权益的各组成部分当期的增减变动情况的报表。该报表可反映所有者权益总量增减变动的信息，以及所有者权益增减变动的结构性信息，这样能够让报表使用者理解所有者权益增减变动的根源。

所有者权益变动表各项目均需填列“本年金额”和“上年金额”两栏，栏内各项数字一般应根据“实收资本（或股本）”“资本公积”“盈余公积”“利润分配”“库存股”“以前年度损益调整”等科目的发生额分析填列，如图5-5所示。

所有者权益变动表

会企04表

编制单位：　　　　　　　　　　年度　　　　　　　　　　金额单位：元

项目	本年金额											上年金额										
	实收资本（或股本）	其他权益工具			资本公积	减：库存股	其他综合收益	专项储备	盈余公积	未分配利润	所有者权益合计	实收资本（或股本）	其他权益工具			资本公积	减：库存股	其他综合收益	专项储备	盈余公积	未分配利润	所有者权益合计
		优先股	永续债	其他									优先股	永续债	其他							
一、上年年末余额																						
加：会计政策变更																						
前期差错更正																						
其他																						
二、本年年初余额																						
三、本期增减变动金额（减少以"-"号填列）																						
（一）综合收益总额																						
（二）所有者投入和减少资本																						
1.所有者投入的普通股																						
2.其他权益工具持有者投入资本																						
3.股份支付计入所有者权益的金额																						
4.其他																						
（三）利润分配																						
1.提取盈余公积																						
2.对所有者（或股东）的分配																						
3.其他																						
（四）所有者权益内部结转																						
1.资本公积转增资本（或股本）																						
2.盈余公积转增资本（或股本）																						
3.盈余公积弥补亏损																						
4.设定受益计划变动额结转留存收益																						
5.其他综合收益结转留存收益																						
6.其他																						
四、本年年末余额																						

图 5-5　所有者权益变动表

财务报表的分类

财务报表可以从不同角度反映企业的财务状况，前面我们了解了常见的财务报表及各自的作用和意义，而对于财务报表的分类情况，销售人员也该有所了解，这样能更全面地学习财务报表的相关知识。按不同的标准分类，财务报表的类别会有不同，见表 5-1。

表 5-1　不同划分标准下的财务报表类别

分类标准	类　别	
服务对象	对外报表 企业必须定期编制、定期向上级主管部门/投资者/财税部门/债权人等报送或按规定向社会公布的财务报表。其拥有定期、规范的特点，资产负债表、利润表和现金流量表等均属于对外报表	内部报表 企业根据其内部经营管理的需要而编制的，供其内部管理人员使用的财务报表，如成本报表
会计信息重要性	主表 主表即主要财务报表，指所提供的会计信息比较全面、完整，能基本满足各种信息需要者的不同要求的财务报表，包括资产负债表、利润表、现金流量表以及所有者权益变动表	附表 附表即从属报表，指对主表中不能或难以详细反映的一些重要信息所做的补充说明的报表。附表与有关主表之间存在着钩稽关系，如： 1. 利润分配表和分部报表是利润表的附表 2. 应交增值税明细表和资产减值准备明细表是资产负债表的附表
编制和报送的时间	中期财务报表 一般包括月份、季度、半年期财务报表	年度财务报表 指全面反映企业整个会计年度的经营成果、现金流量情况及年末财务状况的财务报表。企业每年年底必须编制并报送年度财务报表

续表

分类标准	类　别	
编报单位	基层财务报表 由独立核算的基层部门编制的财务报表，是用以反映本部门财务状况和经营成果的报表	汇总报表 是指上级和主管部门将本身的财务报表与其下辖部门报送的基层报表汇总编制而成的财务报表
会计主体	个别报表 是指在以母公司和子公司组成的具有控股关系的企业集团中，由母公司和子公司各自为主体分别单独编制的报表，用以分别反映母公司和子公司本身各自的财务状况、经营成果和现金流量情况	合并报表 是以母公司和子公司组成的企业集团为一个会计主体，以母公司和子公司单独编制的个别财务报表为基础，由母公司编制的综合反映企业集团经营成果、财务状况及其资金变动情况的财务报表
企业资金运动形态	静态报表，指某一时点的报表	动态报表，报表数据反映的是一段时间的合计情况的报表

从财务报表中可以看到什么

查看财务报表是为了了解某段时间内企业的经营成果和财务变化状况，那么从财务报表中销售人员可以看到哪些问题呢？可从以下 6 个方面来了解。

（1）利润表对比

销售人员查看利润表的时候可以对比相邻两月收入的增长是否在合理范围内，重点关注有没有大幅增长或下降的情况，如上涨几十个百分点这种情况，可能预示着存在问题。一般来说，利润增长不会高于 50%，销售人员要根据财务信息分析相关销售情况。

（2）出现坏账

销售是一个长期的过程，并不是达成交易的那一刻就完成了销售，后期回款一直是销售部工作的一大难点。销售过程中很有可能出现发货后货款收不回来的情况，而在账面上却可能不计提坏账准备或提取不足。如此，收入和利润就不能反映企业的实际情况。

通过资产负债表和利润表的对比，如果我们看出虽然企业资产很多，但是利润却没有相应的增加，由此可以猜测企业内已经产生了坏账。

（3）了解企业投资情况

企业除了主营业务，可能还会有其他的投资活动，投资为企业带来的是收益还是损失，这些都可以从利润表或是资产负债表中进行了解，以预测企业的投资风险。从资产负债表中我们可以看到企业内具体有哪些投资项目，而从利润表中可以看到企业投资是否有收益。

（4）查看应收账款情况

在资产负债表上能够反映企业的收款情况，如果应收账款项目的金额很大，说明可能有很多旧账一直处于挂账状态，实务中容易发生税务风险和经营风险。销售人员还可以通过账龄分析表查看具体有哪些收不回来的款项。

（5）资金流向

现金流量表能反映企业的资金流向，包括投资收入。根据财务报表提供的信息，我们可以了解现金流入和流出的原因及事项。

市场占有率：反映企业的营利能力

市场占有率又称市场份额，指某企业的某一产品（或品类）的销售量（或销售额）在市场同类产品（或品类）中所占比重。它在很大程度上反映了企业的竞争地位和盈利能力，是企业非常重视的一个指标。

对于销售人员来说，市场占有率与其工作情况和工作绩效有密不可分的关系。若是企业商品的市场占有率高，销售人员的工作就更游刃有余；若市场占有率低，则销售人员要花费很大的力气与其他同类商品竞争。

销售人员对市场占有率的了解有多少呢？一般来讲，销售人员应该了解市场占有率的基本特性、测算方法以及下降原因和对策。

（1）市场份额的基本特性

市场份额具有两方面的特性——数量和质量。数量反映市场份额的大小，质量反映市场份额的优劣程度。其中市场份额数量一般有两种表示方式 。

一是企业销售量占总体市场销售量的百分比。

二是企业销售量占竞争者销售量的百分比。

市场份额质量指市场份额的含金量，即能给企业带来的利益总和，包括现金收入、无形资产增值收入等。如何衡量市场份额质量呢？

销售人员可参考顾客满意率和顾客忠诚率。顾客满意率和顾客忠诚率越高，市场份额质量也就越好，反之，市场份额质量就越差。

就实际的企业经营来说，大家都对市场份额的多少非常关注，却忽略了市场份额质量。若是想要提高市场份额质量，销售人员须从顾客入手，长期维护与顾客的关系，做好顾客反馈工作。

（2）测算方式

市场份额的测算方式不是一成不变的，根据市场范围的区别，可以分为 4 种不同的测算方式。

总体市场。指该企业的销售量（额）在整个行业中所占的比重。

目标市场。指该企业的销售量（额）在其目标市场，即它所服务的市场中所占的比重。企业目标市场的范围总是小于或等于整个行业市场，所以企业的目标市场份额总是大于总体市场份额。

三大竞争者。指该企业的销售额和市场上最大的三个竞争者的销售总量（额）之比。

某企业的市场份额是20%，与其竞争最大的3个企业的市场份额分别为25%、20%、15%，则该企业的相对市场份额为：

20%÷（25%+20%+15%）=20%÷60%=33.33%

通过计算得出该企业的相对市场份额为33%，一般来说，某企业能够拥有33.33%及以上的相对市场份额，可以说明其在市场中有一定的竞争力。

最大竞争者。指该企业的销售量（额）与市场上最大竞争者的销售量（额）之比。若该项数据高于100%，表明该企业是这一市场的龙头企业。

（3）市场份额下降原因

从市场份额的特性来看，任何一个指标改变都不能武断地说明企业盈利情况。不过若是市场份额数量下降，一定对企业经营有所影响，销售人员也要就销售情况尽可能地分析下降原因。常见的企业市场份额下降原因有两点。

- 企业销售增长低于行业销售增长导致市场份额下降。行业增长速度快，意味着市场总需求在快速增加，有更多发展机会，市场吸引力大，竞争者会越来越多。
- 企业销售减少的速度快于行业销售减少的速度导致市场份额下降。行业销售减少意味着市场总需求在下降，行业在不断衰退，市场已无开发价值。

（4）增长市场份额的策略

虽然市场份额下降并不一定会减少企业盈利，不过既然出现了下降趋势，企业经营负责人和销售人员都要引起重视，拿出应对策略。

①重新定位市场，在市场行情发生变化后，企业要在现阶段中重新优化产品，包括产品设计、产品特性等。

②根据行业特性应对市场份额的变化，有的商品更新换代快，如手机、高科技产品，所以其市场份额总是快速增长、快速衰退。在初始投放市场时要更看重价格、生产能力和销售渠道，在市场份额下降之前要进入新产品的研发过程中。

③提高产品质量的同时适当提高产品价格，这样能够提高公司的利润，进而提高市场份额。

④提高企业 / 商品的商誉或品牌价值也能提高产品市场份额。

盈亏平衡点：了解企业的保本收益

盈亏平衡点又称零利润点、保本点，通常指全部销售收入等于全部成本时（销售收入线与总成本线的交点）的产量。其计算公式为：

$$\mathrm{BEP}=c_{\mathrm{f}}\div(p-c_{\mathrm{u}}-t_{\mathrm{u}})=c_{\mathrm{f}}\div[p(1-r)-c_{\mathrm{u}}]$$

该公式中，不同字母代表不同的含义，如下所示。

- BEP：盈亏平衡点时的产销量。
- c_{f}：固定成本。

◆ p：单位产品销售价格。

◆ c_u：单位产品变动成本。

◆ t_u：单位产品增值税。

◆ r：税金及附加的税率。

盈亏平衡点可以用销售量或销售额来表示，以盈亏平衡点为标准，当销售收入高于盈亏平衡点时企业盈利，反之，企业就亏损，如图 5-6 所示。

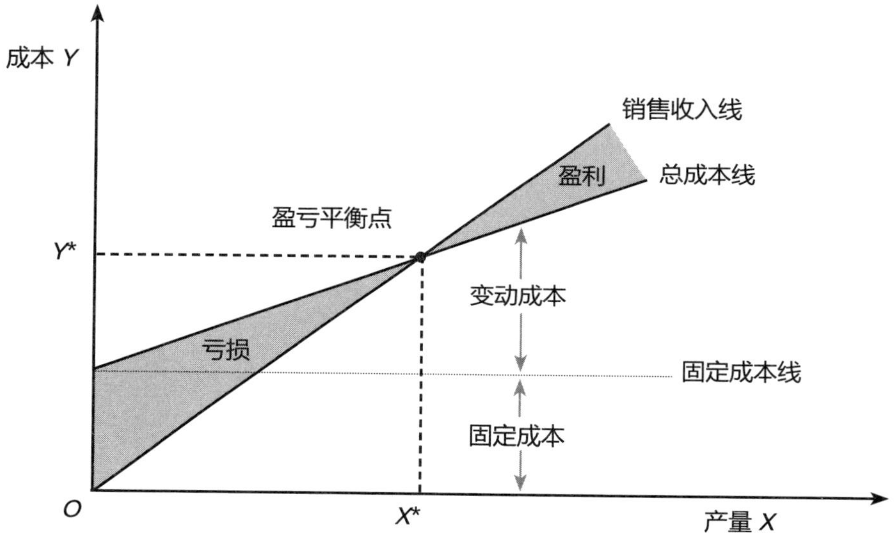

图 5-6 盈亏平衡点

如何利用公式核算盈亏平衡点呢？

为了计算企业某项产品的保本产量，以制定生产计划和销售计划，需要利用盈亏平衡点来核算，表 5-2 为已知的项目。

表 5-2　核算要素

项　目	单　位	金　额
固定成本 / 固定费用	元	30 000.00
产品单价	元	20.00
材料成本 / 变动成本	元	12.00

假设不考虑单位产品增值税，根据固定费用、产品单价与变动成本计算保本产量的盈亏平衡点：

盈亏平衡点 = 固定费用 ÷（产品单价 − 单位变动成本）=3 750

通过计算我们可以知道企业的保本生产量为 3 750，要想盈利，还需在此基础上增加产量。

毛利率、销售成本率和净利润率

毛利率、销售成本率和净利润率这些指标都与销售活动有关，从这些指标上我们可以看出销售的实际成果如何，下面一起来深入了解这些指标。

（1）毛利率

毛利率是毛利与销售收入（或营业收入）的百分比，其中毛利是收入和与收入相对应的营业成本之间的差额，用公式表示为：

毛利率 = 毛利 ÷ 营业收入 ×100%

　　=（销售收入 − 销售成本）÷ 销售收入 ×100%

　　=（不含税售价 − 不含税进价）÷ 不含税售价 ×100%

按照不同的标准划分，毛利率的类型各有不同，见表 5-3。

表 5-3　毛利率的类型

划分标准	类　型
商品大类	单项商品毛利率、大类商品毛利率、综合商品毛利率
行业	工业企业的产品销售毛利率、商业企业的商品销售毛利率、建造施工企业毛利率、交通运输业毛利率、旅游饮食服务业毛利率
区域	区域销售毛利率、按项目划分的项目毛利率

企业与销售人员想要提高产品毛利率，就要知道影响毛利率的相关因素，具体有以下一些。

市场竞争力。若市场饱和，同类产品很多，则价格趋于统一，也只能获得平均毛利润；而如果市场竞争小，同类产品也少，就能利用质量、功能的优势，订出较高的商品价格，提高毛利率。

企业营销策略。营销策略的改变会影响商品的定价，从而影响商品的毛利润。如果企业处在打开市场的初期，可能会调低价格，以获得一定的市场；若是要尽快收回资金，就可能需要提高产品售价。

研发成本。产品研发需要一定的成本，尤其是技术含量高的产品，其研发成本就越高，而这样的产品在价格上也能占据一定的优势，如果研发出专利产品，则利润就更高了。

品牌效应。品牌的知名度和价格之间有着不能分割的关系，名牌产品的品牌溢价能为企业带来更高的利润。而对于普通的企业，就算商品质量佳，由于没有知名度，其产品毛利率也不如知名企业的毛利率。

固定成本。如厂房、办公室租金、生产设备的投入等，是生产商品的固定支出，算是企业的投资成本。如果企业的投入多，那么会尽可能地提高核心产品的售价，以保证毛利的获取。

周转率。周转率与商品销售方式有很大关系，如果采用现销的方式，能够立即收到货款，资金周转迅速，不过成交价格会适当低一点，这样毛利润会更低；若是进行赊销，则价格可以提高一些，毛利润也会提高。

产品零件外加工。若是企业的所有产品部件都是自己生产的，通常成本更低；若是一部分部件需要委托外部单位加工，企业还要额外支出一部分加工费用，毛利润很可能减少。

虽然毛利率的计算公式大同小异，不过在不同的情况下，核算的具体方法也会有差别，下面通过几个案例来了解。

【例 5-1】

某企业日前购进了一批商品，不含税进价为 12.00 元 / 件，稍微包装了一下就准备投入市场售卖，该商品不含税售价 20.00 元 / 件，销售人员该如何核算其毛利率？根据已知的条件，应选择毛利率的公式为：

毛利率 =（不含税售价 − 不含税进价）÷ 不含税售价 ×100%

=（20.00−12.00）÷20.00×100%=40%

【例 5-2】

某企业购进一批商品，不含税进价 380.00 元，含税售价 436.00 元，增值税率 13%，这种销售模式下，要核算商品的毛利率首先要知道商品的不含税售价，可通过以下公式计算得出：

不含税售价 = 含税售价 ÷（1+ 增值税税率）

=436.00÷（1+13%）=385.84 元

知道不含税售价后，便可通过相应公式对毛利率进行核算。

毛利率 =（不含税售价 − 不含税进价）÷ 不含税售价 ×100%

=（385.84−380.00）÷385.84×100%=1.51%

【例 5-3】

某企业购进一批商品，不含税进价 20.00 元 / 件。为了以后长期合作，厂商给了 3% 的商业折扣，该商品的增值税税率为 13%，预计近期就要上市销售。为了完成公司的发展规范，这批商品需要达到 10% 的毛利率，在此种情况下，销售人员在售出这批商品时，至少需要卖出多少价钱呢？

要解决这个问题，首先需要得到不含税进价，有了 3% 的商业折扣，该批商品的不含税进价为：20.00−20.00×3%=19.40（元）。

根据公式“毛利率 =（不含税售价 − 不含税进价）÷ 不含税售价 ×100%”和“不含税售价 = 含税售价 ÷（1+ 增值税税率）”，可以得出含税售价为：

含税售价 = 不含税进价 ×（1+ 增值税率）÷（1− 毛利率）

=19.40×（1+13%）÷（1−10%）=24.36（元）

（2）销售成本率

销售成本率是反映企业每单位销售收入所需的成本支出的指标，与毛利率相对应。

销售成本率 = 销售成本 ÷ 销售收入净额 ×100%

对以上公式做一个简单的说明，即每一百元销售收入中包含多少销售成本。如销售成本率是 10%，意味着 100.00 元的销售收入中有 10.00 元的销售成本。由此可以得出销售成本率的数值越大，利润越少。

若是销售成本率出现异常偏高的情况，则预示着企业在销售管理方面出现了问题，企业要重新审视自己的销售方法或市场竞争力。

（3）净利润率

净利润率是指经营所得的净利润占销货净额的百分比，或占投入资本额的百分比，能综合反映一个企业或行业的经营效率。净利润率的计算公式如下所示。

净利润率 =［净利润 ÷（营业收入 + 营业外收入）］×100%

为了得到净利润率，还需要以下公式的辅助核算才行。以下公式很有可能在实际核算中涉及，销售人员可以稍做了解。

净利润 = 利润总额 ×（1 − 所得税税率）

利润总额 = 营业利润 + 营业外收入 − 营业外支出

营业利润 = 营业收入 − 营业成本 − 税金及附加 − 期间费用 − 研发费用 − 资产减值损失 + 资产处置收益 + 公允价值变动收益 − 公允价值变动损失 + 投资收益（− 投资损失）

要计算净利润，一般需先核算企业所得税，所得税税额愈高，净利润就愈少。而企业所得税税额的高低又受到税率影响，我国有多种企业所得税率——25%、20%、15% 和 10% 等。下面通过一个案例来看看实际核算的相关顺序。

某市经营家电产品的商店，一年的营业收入为 600.00 万元，本年出售家电 4 000 台，每台家用电器的平均进价为 1 000.00 元，员工一年的工资 50.00 万元，房屋租赁等开支为 10.00 万元，年缴纳增值税税额为 40.00 万元，企业所得税率为 25%，则该电器商店的净利润率该如何计算呢？

首先根据增值税税额可以计算出该商店应缴纳的城建税和教育费附加为：

城建税 = 实际缴纳增值税税额 × 城建税税率 =40.00×7%=2.80（万元）

教育费附加 = 实际缴纳增值税税额 × 教育费附加费率 =40.00×3%=1.20（万元）

假设不存在其他税金及附加项目，则这家电器商店的利润总额 = 年营业收入 − 营业成本 − 税金及附加 − 期间费用。

根据利润总额可以计算出净利润额。

净利润 = 利润总额 ×（1 − 所得税税率）=（600.00−4 000×0.10−50.00−10.00−2.80−1.20）×（1−25%）=136.00×（1−25%）=102.00（万元）

忽略营业外收入，该商店的净利润率为：

净利润率 =［净利润 ÷（营业收入 + 营业外收入）］×100%

=102.00÷600.00×100%=17%

应收账款周转率：了解企业货款的回款速度

应收账款是指企业在正常的经营过程中因销售商品、产品、提供服务等业务，应向购买企业收取的款项。而应收账款周转率是企业在一定时期内赊销净收入与平均应收账款余额之比。应收账款若能及时收回，企业的资金使用效率便能大幅提高。

对于销售人员来说，该指标除了能够衡量应收账款周转速度，还能看出销售人员的工作效率和能力，以及企业的管理能力。其计算公式为：

应收账款周转率 = 赊销收入净额 ÷ 应收账款平均余额 ×100%

从公式来看，应收账款周转率越高越好，能够反映企业的某些经营优势，如下所示。

- 赊账越少，收账迅速，账龄较短。
- 资产流动性强，短期偿债能力强。
- 可以减少坏账损失。

知识延伸｜不适用应收账款周转率的经营情况

应收账款周转率要与企业的经营方式结合考虑，以下四种情况使用该指标则不能反映实际情况：第一，季节性经营的企业；第二，大量使用分期收款结算方式的企业；第三，大量使用现金结算的销售业务；第四，在年末大量销售或年末销售大幅度下降。

对企业来说，周转率越高越好，那么对应的应收账款周转天数应越短越好。应收账款周转天数也称为应收账款的收现期，表明从销售开始到回收现金平均需要的天数。

应收账款周转天数 =360 ÷ 应收账款周转率

企业内部应该规定合适的应收账款周转天数，销售人员按期限进行收款，保证企业的资金回流。对于该项指标的分析，可能会受很多不确定因素的影响，所以使用时一定要考虑多方面的问题，包括经营类型、结算手段和行业平均水平等。

财务报表报送规范的内部要求

财务报表可以反映企业一定时期资金、利润状况，企业定期编制财务报表，并报送税务机关。在此之前，公司内部需要统一收集相关资料，及时编制各类报表。为了让涉及的部门、员工在规定时间上交资料或报表，企业可设置报送制度，从报表种类、报送时间等各个方面进行规定。

财务报表报送制度

第一章 总则

第一条 目的。

为了保证公司财务报表报送的及时、准确、规范，满足报表使用者制定决策、编制预算、规划战略等多方信息需求，制定本制度。

第二条 定义。

本制度所称财务报表包括各核算主体的单体报表以及根据管理需要临时提供的报表等。

第三条 适用范围。

本公司范围各核算主体，包括管理决策层、采购部与销售部。

第二章 种类及内容

第四条 财务报表种类及内容。

种类		内容
单体报表	1. 月度分析报表	1. 财务内控指标表 2. 分析用利润表 3. 销售 / 成本 / 毛利明细表 4. 分析用费用表 5. 成本计算表（不考虑研发费） 6. 其他
	2. 月度财务报表	1. 资产负债表 2. 损益表 3. 现金流量表 4. 银行存款明细表 5. 资产类往来清单 6. 负债类往来清单 7. 存货明细表 8. 固定资产和折旧明细表 9. 其他收入支出 / 营业外支出明细表

续表

种类		内容
单体报表	2. 月度财务报表	10. 费用明细表 11. 成本计算表（考虑研发费） 12. 其他
	3. 月度审计报表	1. 收入成本开票明细表 2. 内部交易明细表 3. 收入成本汇总表（内部交易同时列示） 4. 月度报表及往来清单 5. 往来重分类工作底稿 6. 其他
临时报表	根据内外部管理需要制定，由财务部设计或统一下发表格、填制说明、报送时间等各种临时资料	

第三章 报送时间的规定

第五条 总体要求。

本制度所指各种报表应在规定日期前以 OA 形式提交给相关人员，报送时间以 OA 流程收到时间为准。财务部对本制度中所指报表报送时间另有规定的从其规定。

第六条 具体报送时间。

一、各核算主体单体报表

1. 月度分析报表报送时间为每月 7 日上午 8:30 前。

2. 月度财务报表报送时间为每月 8 日上午 8:30 前。

3. 月度审计报表报送时间为每月 10 日上午 8:30 前。

二、临时报表

规定时间内提交。

第七条 具体规定

一、一套报表有多张报表时的提交要求

原则上此套报表中所有表应作为一个整体一起提交；特殊情况下有先后

提交的，以最后一张表提交时间为此套报表的提交时间。

二、各核算主体单体报表与临时报表延迟提交的要求

1. 报表延迟提交的日期通常不应超过一个工作日。

2. 报表需要延迟提交的，应在报表规定截止日前一个工作日在OA上申请，经财务总监/副总监批准后，延迟提交生效，报表报送日期为经批准的日期。

第四章 报表质量的要求

第八条 财务报表应该按照财务制度的规定和其他相关规定编制，以保证报表的合法性、准确性与完整性，各核算主体的财务负责人对报表的准确性与完整性负责。

第九条 财务负责人应做好报表质量审核工作。报表报送前，必须对报表钩稽关系、数量平衡关系等进行审核，发现异常情况及时查找原因，进行改正。

第五章 报表格式的要求

第十条 各核算主体应严格按照总部财务部规定的格式填制报表及其他资料，不得擅自更改格式。

第十一条 当报表格式或标准发生变更时，严格按照新的要求执行。变更后的报表由财务部以OA工作联系形式发给财务人员，相关人员应在规定的时间内及时更新，财务负责人监督执行；未按要求更新的，受理人员不予受理，并要求相关人员按要求重新填制，由此造成报表延期提交的，由财务负责人负责。

第十二条 财务人员对报表的内容、格式等有异议或者建议，可以向财务部提出，财务部综合评价后，根据情况可以采用或不采用。

第六章 报表评分

第十三条 总体原则。

财务报表评分分为三部分：第一部分报送时间，第二部分报表质量，第三部分报表格式。总分 100 分，扣完为止。

第十四条 具体标准。

一、时间评分标准

1. 以半天为考核单位，中午 12 点及以前，按半天计算；超过中午 12 点，按一天计算。

2. 每延迟半天扣 4 分；此部分考核满分 40 分，扣完为止。

二、质量评分标准

1. 数据准确、清晰。每一处差错扣 0.5 分。

2. 数据填写完整。每一处未填写或未填写完整的扣 0.5 分。

3. 报表项目与总账核对无误。报表项目与总账不相符的，每一处报表项目不符扣 0.5 分。

4. 钩稽关系，主表之间、主表与附表、附表之间钩稽关系对不上，每一处扣 0.5 分。

5. 其他差错，每一处扣 0.5 分。

6. 此部分考核满分 40 分，扣完为止。

三、格式评分标准

1. 严格按照总部统一下发的格式填制，擅自更改格式的，每次扣 2 分。

2. 报表中各项目应按照填制说明填写，未按要求填写的，每一处扣 2 分。

3. 此部分考核满分 20 分，扣完为止。

第七章 罚则

第十五条 财务部在复核过程中对财务报表有疑问或发现问题，应及时通知相关财务人员，被通知人员应在半天内给予反馈。被通知人员超过半天未反馈的，在其当月报表评分中扣2分。

第八章 附则

第十六条 本制度解释权归上海某某股份有限公司总部财务部。

第十七条 本制度自颁布之日生效。

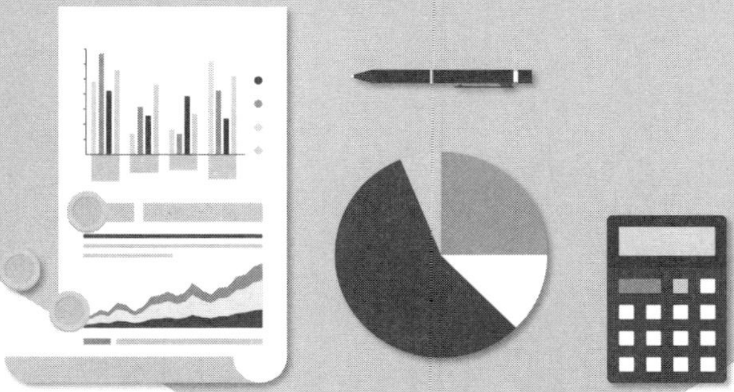

第6章

应收账管理应该怎么做

应收账管理可简单理解为是对企业可能发生的坏账风险进行预防的一种管理工作。主要目的是让销售人员树立风险意识，重视未到账的货款。所以，销售人员应该了解应收账的前因后果，真正做好风险把控。

销售余款的结算

销售余款的结算与交易付款方式有着密不可分的关系，采用什么样付款方式，其余款的结算情形也会有所区别，这些都会在销售合同中写明，销售人员需要按照协议条款完成销售余款的结算。

一般来说，企业的交易性质不一样，付款方式也会不同，大致可分为发货前结清全款、发货前收取部分款项、货到付款、定额支付和定期支付等类型。

（1）发货前结清全款

这种付款方式指卖方发货前，买方就将全部款项付清，即零余款结算，此时一般可采取以下两种发货方式。

①购买方先支付一定的定金（约30%或20%不等），销货方收到余款后立即发货。这种结算方式对销货企业来说是非常有利的，不过在实际交易过程中，就此购销双方很难达成一致。小额交易或是初次合作的企业采用这种付款方式的居多。销售人员只需在收到余款后再发货，即可完成交易，然后便可与财务部结清款项。如下所示为某企业销售合同中有关支付结算的条款。

三、供货价格、付款方式

1. 供货价格：每件 ___ 元。

2. 货款结算方式

（1）原则上现款提货，即在乙方货款汇至甲方账户后，甲方再行发货。

（2）甲方可按结算货款为乙方开具发票。

②不设定金，以全款提货。此种结算方式对销货方来说非常不利，一般不建议企业采取此种结算方式，只有面对进行过多次交易的老客户才有条件采取这种结算方式。

（2）发货前收取部分款项

将货款分为几部分，在不同交易时间段支付其中一部分的款项，这样对双方都有保障。这是在客户不愿意全额付款下的备选结算方式，一般可分为定金、中期款和尾款三个部分，定金为签订销售合同时支付的，中期款为发货前支付的款项，尾款一般是发货后或买方收到货后应付的款项。主要有如下两种常见方式。

①定金 + 中期款 + 尾款，虽然货款被分为三个部分分阶段支付，但是购销双方都可以设置付款比例，一般是 3:5:2 和 3:6:1 等。为了保证己方利益，销货方应该尽量将尾款比例设置为最小。

②中期款 + 尾款，主要有 7:3、8:2 和 9:1 等几种分割方式，销售方一定要控制尾款的支付比例，越少越好，最好不要超过 30%。如下所示为某企业销售合同中的有关条款。

1. 设备安装调试完毕并由甲方出具验收报告时付合同总额的______%，合计：_______元。

2. 设备连续安全运行满_____时付清余额_____%，合计：______元。

3. 办理付款的时间一般不超过 7 个日历日。

（3）货到付款

货到付款即前期不支付货款，等到销货方交货时再支付货款，同样可分为两种模式。

①到货时购货方立即支付货款，一手交钱一手交货，这种方式下销货方

是不会承担任何风险的，但对购货方来说可能存在付款压力，所以实际交易中很少用这种模式。

②到货后一定时间内再付款，这就要求销货方的销售人员要严格控制支付期限，不然很容易出现款项回收困难的问题。

（4）定额支付

定额支付指达到一定货款额度后购货方再一次性结清货款的支付方式。这种方式主要用于老客户，并且订单较多且每次交易金额都不多的情况。这样不仅能减少货款结算的操作手续，还能从侧面鼓励对方与我方进行交易。

（5）定期支付

定期支付指双方约定一个时间段一次性结清该阶段所有货款。这种结算方式一定不能成为常规的结算方式，只能针对信用考评良好、经营状况良好的采购企业，因为货款可能面临可以收回却收不回来的情况。定期结算的期限最好不要超过一个月。

涉及销售余款的结算阶段会出现对未收账款、应收账款的处理，这一点销售人员需要注意。

销售过程中及时核对应收账款

在销售过程中，因为种种原因购货方不一定会立即结清款项，还有可能因为客户资金周转问题而迟迟收不到货款。如果收不回来的款项多了，企业内部出现坏账的可能性会升高，并且影响企业的资金流动。

所以销售人员就要负责应收账款的核对，并在合理的时间内进行款项的收回。要做好应收账款的核算，需分几个步骤实施。

首先，分析结算模式。如果销售人员经常无法回收款项，就该考虑结算模式是否合适，并向上级提出此种结算方式的劣势，争取改进结算方式。另一方面，销售人员应该努力地在客户面前塑造企业的品牌形象，让客户能够信任企业的产品，促使其尽快付款。

其次，做好核对应收账款的准备工作。在核对之前需要准备好相关资料，如下所示。

- ◆ 最近一期的对账报告复印件。
- ◆ 所核对的商业公司应收账款账页。
- ◆ 所核对的商业公司发票账页。
- ◆ 所核对的商业公司发货账页。
- ◆ 未发出或已发出的发货明细。
- ◆ 应收账款对账表等。

再次，了解核对应收账款的基本要求，如下所示。

- ◆ 确定应收账款是否存在。
- ◆ 核对应收账款的有关记录。
- ◆ 确定应收账款是否可收回。
- ◆ 确定应收账款在会计报表中的披露是否恰当。

最后，销售人员要找准自己负责的应收账款进行核对，这可能需要整个销售小组的配合，具体如何开展核对工作，需要销售部统一约定时间，并从其他部门借阅相关资料，以确定应收账款总额和每位销售人员各自负责的款项，方便回款工作的开展。

每个销售人员都可以自行设置应收账款管理表格，对自己负责的订单进行管理、核对，保证不遗漏应收账款。表 6-1 是一张简单的应收账款管理表。

表 6-1　应收账款管理表

客户	订单编号	账期（天）	金额（元）	开票日期	发票号码	出货日期	应收款日期	实收款日期	欠款金额（元）	超过时间（天）

了解销售业务中应收账款的形成原因

应收账款是伴随企业的销售行为发生而形成的一项债权，企业合理的应收账款是正常的，可如果应收账款项目变多了，对企业的经济会有很大影响。要减少应收账款，就必须先了解应收账款的形成原因，这样牵涉其中的人员才能据此做出改善，尤其是销售人员。形成应收账款的原因有很多，主要可从以下几个方面来看。

（1）市场原因

在企业身处面临竞争力大的市场时，为了获得更多的市场份额，完成更多交易，可能会通过赊销的方式吸引客户，一旦这种方式形成规模，就容易出现大量不及时结清欠款的情况，从而形成应收账款。

（2）企业自身原因

很多企业的管理者容易出现只顾眼前利益而忽略长久发展的问题，导致只重视销售量，却没有对后续的回款工作进行管理，久而久之就出现了许多未结算的应收账款。

（3）无信用考评制度

如果企业信用考核制度不完善，则无法对每一个交易的客户进行有效的信用考评，对客户的资金规模、人员、过往交易情况等没有真实、完整的了解，适合的结算方式就很可能使客户有理由拖欠货款，从而形成大量应收账款。

（4）考核不全面

企业对销售人员的考核不全面，即企业只注重销售利润，就会一味地要求销售人员拼业绩，而忽略回收款项的问题，这对企业的影响是致命的。有发展空间的企业在对销售人员进行考核时，一定会将业绩与应收账款回收率同时纳入考核，而销售人员也不会仅仅因为利润可观就放弃原则进行赊销。

所以，对企业来说要设置相应的规范，同时销售人员要了解并遵守相应的规章制度。如下所示为某公司的销售人员绩效考核制度，该公司将绩效考核的内容分为三个部分——销售业绩考核、应收账款考核和其他考核项考核，这里展示应收账款回收考核的内容。

应收账款考核首先应计算应收账款回款率，从而得出回款率或超额回款率，该比率乘以月基本工资额，即本季度应收账款考核增减项。

应收账款回收率 = 本月实际回款额 ÷ 本月实际应回款额

= 本月实际回款额 ÷ 本月应回款额 − 经批准无法回款额

应收账款考核增减项 = 各职位月基本工资额 ×（1− 应收款回款率）

有些企业在设计销售人员绩效考核表时，将货款回收的相关指标加入考核表中，见表 6-2。

表 6-2　销售人员绩效考核表

<table>
<tr><td>被考评对象</td><td></td><td>部　门</td><td></td></tr>
<tr><td>考评负责人</td><td></td><td>考评时间</td><td></td></tr>
<tr><td>考核项目</td><td>细分指标 / 关键指标</td><td>权重（分）</td><td>指标具体内容及定义</td></tr>
<tr><td rowspan="3">销售目标实现</td><td>销售额目标达成率</td><td>20</td><td>销售额目标达成率 = 实际完成销售额 ÷ 计划销售额 ×100%</td></tr>
<tr><td>重点客户开发完成率</td><td>10</td><td>重点客户开发完成率 = 新增重点客户量 ÷ 计划开发重点客户量 ×100%</td></tr>
<tr><td>有效新客户增加率</td><td>10</td><td>新客户增加率 = 新增客户量 ÷ 客户总量 ×100%</td></tr>
<tr><td rowspan="2">销售货款回收</td><td>销售货款回收及时率</td><td>15</td><td>货款回收及时率 = 及时回收货款额 ÷ 应收货款额（不含银行费用）×100%</td></tr>
<tr><td>销售呆账发生率</td><td>15</td><td>呆账率 = 期末呆账额 ÷ 当期销售额 ×100%
呆账：超过合同规定的应收期 90 天（根据不同客户确定）</td></tr>
<tr><td rowspan="2">客户关系维护</td><td>重点客户流失量</td><td>10</td><td>无流失或者重点客户保持持续增长，增长率为 20%。（主要指通过客户关系维护或者二次销售实现）</td></tr>
<tr><td>客户服务满意度</td><td>5</td><td>客户服务满意度调查取得的评分结果（尤指售前、售中服务）；投诉率低于 2%</td></tr>
<tr><td rowspan="2">日常工作</td><td>销售数据信息管理</td><td>10</td><td>销售数据信息的准确性、完整性及更新的及时性，包括客户基本数据信息、订单信息和销售账目等；及时向上级领导提交销售数据与信息</td></tr>
<tr><td>其他日常工作</td><td>5</td><td>公司规定的有关工作事项以及上级临时布置的工作任务是否按时完成</td></tr>
<tr><td colspan="2">合计</td><td colspan="2"></td></tr>
<tr><td>评价等级</td><td colspan="3">□ A.90 分以上　　□ B.80 ～ 89 分　　□ C.70 ～ 79 分</td></tr>
<tr><td>评语及建议</td><td colspan="3"></td></tr>
</table>

（5）无监督部门

对于应收账款的管理，企业内部一般没有专门负责部门，一般默认销售部门处理相关回款事宜。这样可能缺乏监督，销售人员容易懈怠回款工作，企业也无法对相关人员追责。

针对这些问题，企业要想有效做好应收账款的回收工作，保证企业的收入水平，可以通过如下所示的三种方法尽量避免出现应收账款。

控制赊销额度。企业要设置一定的赊销额度，按照不同的标准给予不同企业合适的赊销额度，如老客户的赊销额度可以高一点。而赊销的总额也应该有所控制，如企业规定一个月内的赊销累计额不能超过 50.00 万元，那么在已经有 49.00 万元的赊销额时，销售人员就不能再与其他客户进行赊销交易了。为了便于日常控制，企业应要求销售人员将已经确定的赊销额度进行记录和公示。

制定收款策略。制定收款策略可让销售人员按流程进行账款回收，销售人员的行为可得到有效规范，收款工作的效率也能大大提高。

重视信用调查。对客户进行信用调查，在前期排除大部分的款项收不回来的隐患。主要通过对客户的各项信息进行调查来判断客户的经营状况，这样才能知道客户有没有实力支付货款。调查内容包括财务报表、信用资料等。在调查时销售人员可以借助专业机构，了解客户是否参与了诉讼、是否有偿债能力、是否有抵押品等，进而确定客户的信用等级。现在市面上有很多企业调查机构，如启信宝，其主页如图 6-1 所示。

图 6-1　启信宝主页

销售人员的应收账款管理

要让销售人员及时进行应收账款管理，企业就需要设置相关管理办法或制度，要围绕应收账款管理的各项事宜设置相应条款，包括监督、账款追踪和资料管理等。如下所示为某公司应收账款管理制度，可给予销售人员一些启示。

应收账款管理制度

第一条 销售部设立监察员一职，专职进行销售人员的应收账款管理。

第二条 销售人员利用赊销台账（附表一）记录赊销款项，按时记录，掌握客户还款进度。

第三条 销售发货监控。

1. 仓库管理员与销售部建立联系，以便销售人员掌握发货时间。

2. 仓库抄送赊销出库单至销售部与财务部，方便销售人员催款。

第四条 销售账务处理。

1. 销售人员根据出库单进行挂账。

2. 根据收款情况和进度，及时与财务部对账。

3. 定期进行应收账款账龄分析，判断可收回金额和坏账。

第五条 销售相关分析。

1. 随时观察赊销客户的经营状况，若有异常，及时报告给销售部主管。

2. 完善公司的各项责任制度，包括销售人员可掌握的赊销额度，销售与收款的责任分配。

3. 将赊销交易中涉及的程序作出系统化的规范。

4. 销售部应培养员工的风险意识，使每位销售人员都重视应收账款管理。

第六条 风险管理。

1. 款项迟迟不能回收，销售人员要注意保管好相关资料、单据，如催收函、出货单等。

2. 如果遇到“老赖”客户，要及时上报公司，以法律武器维护公司权益。

第七条 表单管理。

1. 定期向客户发送收款通知单、欠款催收单，对于发出上述单据后客户未有回复的，销售人员必须在规定期限（15 天）内向财务部答复跟进情况。

2. 财务部每月上报管理层并抄送市场部的报表：应收账款账龄分析总表、分区表（月报）、分区销售及销售费用明细表（月报）。

附表一

赊购单位：							
日期		品种	赊购数量	单价	货款总金额	赊销金额	收款金额

从上文我们可以看出，企业想要加强应收账款的日常管理，必须从多个方面入手。而在具体实施时，可供企业和销售人员选择的措施有哪些呢？

（1）设置应收账款明细分类账

无论是财务部还是销售部，在总分类账的基础上，还应按交易客户的名称设置明细分类账，这样可以详细、分时地记录各个客户的款项往来情况。

财务部负责制作精细的明细分类账，而销售部则根据交易情况用表格简单记录即可。不过，在设置和记录应收账款明细分类账时应注意以下几点。

①所有赊销交易都要正确、及时地记入明细分类账。

②可由销售人员各自负责自己的赊销业务，也可以将赊销业务的全过程进行分工，由不同的人员负责不同的部分，如登记明细账、填制赊欠账单、向赊欠客户交送或邮寄账单以及处理客户支付的现金等。

③明细分类账应定期与总账核对。

（2）设置专门的赊销和征信部门

可在企业内部设置专门的赊销和征信部门，或是在销售部下设负责赊销和征信的工作小组，对客户的信用状况进行严格调查。该工作组的具体职能如下所示。

①对客户的信用状况进行评级。

②负责批准赊销的对象及额度，未经批准的，业务人员不能随意进行赊销业务。

③负责催款工作，保证企业的资金运转。

（3）建立坏账核销制度

应收账款只要存在，就可能导致企业内部出现坏账，既然有可能出现坏账，就要想办法将损失降到最低。如何处理出现的坏账呢？有两种解决办法——直接核销法和备抵法。

- 直接核销法指实际发生坏账损失时，将其损失直接计入管理费用。
- 备抵法是指在坏账损失实际发生前就依据权责发生制原则估计损失，并同时计提坏账准备，待坏账损失实际发生时再冲减坏账准备。

除了通过记账方法来解决坏账问题，企业还可以制定坏账核销制度来指导相关人员做好具体工作。

××有限公司坏账核销管理规定

为加强应收债权资产的管理，进一步完善公司的财务管理制度，促进公司的规范运作，有效防范、化解资产损失风险，使相应的财务报告能更全面、准确地反映公司财务状况和经营成果。根据财政部颁布的《企业会计准则》及其应用指南等有关规定，结合公司的实际情况，设置本规定。

一、坏账确认

坏账损失是指有确凿和合法证据表明该项资产的使用价值和转让价值发生了实质性且不可恢复的灭失，已不能给公司带来未来经济利益流入。包括已计提和未计提坏账准备的资产发生的损失。

公司进行坏账损失的处置，应当在对损失认真清理调查的基础上，取得合法证据。

1. 应收账款的拖欠时间在3年以上。

2. 须提供双方的财务对账证明，如确实无法提供对账证明，应至少提供该账户从形成坏账开始前3年的销售回款情况。

3. 债务单位(人)虽未破产，但已处于歇业或停业状态，确实无法偿还欠款，且无其他责任主体承担义务的，须详细写明清欠经过及确实无法追偿的原因。

4. 债务人承认欠款但无力偿还的，应在考虑以物抵债等方法均无效后再申报坏账损失。

二、申报程序

债务人坏账损失处理申报程序由销售部门提出坏账核销申请，说明坏账损失原因和清理、追索及责任追究等工作情况，并逐笔逐项提供符合规定的证据，上报财务部门、总经理、总公司。公司财务部门对核销申请和核销证据材料进行复核，并由财务总监签署意见；财务部门对该项坏账损失发生原因及处理情况进行审核，提出审核意见。

三、审批权限

按照公司坏账损失处理审批权限，报总经理审批，超过规定权限的报总公司审批。审批通过后，财务部门进行坏账的账务处理。审批权限分配如下：

1. 核销年累计金额2万元以下资产损失，由总经理审批。

2. 核销年累计金额2万元以上资产损失，由总公司审批。

公司应按照有关财务会计制度的规定，定期对各项债权进行全面清理核实，合理预计潜在损失并计提相应的坏账准备，做好坏账准备的转回和核销工作。对不良债权应当进行专项管理，对造成资产损失负有直接责任的部门与责任人，公司将追究其责任。公司在核销坏账后，应建立辅助账，保留追索权，如发现债务人经营改善或有重组事项，应继续追偿。

知识延伸｜销售人员应注意的应收账款风险

应收账款收不回来导致的最终结果是企业出现坏账损失，因此销售人员应该对应收账款为企业带来的风险引起重视，这样才能提高个人意识，做好每一笔交易款项的回收工作。有哪些常见风险呢？

（1）企业资产负债率变高

如果应收账款不断增加，又没有回款，一方面企业会出现流动资金短缺的问题；另一方面企业可能会选择举债经营。这样的情况下，负债比例升高，企业的财务费用增加，经济效益不断下降，最后会走向资不抵债的境况。

（2）贴现成本高

为了及时收回货款，企业可能会大量吸纳承兑汇票。若要保证企业的资金流动和现金交易，就不得不承担高额的贴现息。

信用风险的概念与分类

企业必须重视信用风险识别，这样才能从根本上减少企业的决策失误。作为一名销售人员，对于什么是信用风险要有基本认识，可从概念和分类入手进行了解。

信用风险又称违约风险，是指借款人、证券发行人或交易对方因种种原因，不愿或无力履行合同条件而构成违约，致使银行、投资者或交易收款方遭受损失的可能性。

信用风险可分为四种类型，见表 6-3。

表 6-3　信用风险的类型

分　类	具体内容
违约风险	这是信用风险中最常见的一种，借款人或交易方由于种种原因不能按期还本付息，也不能履行债务契约，所以给收款方造成坏账风险。一般说来，借款人经营风险越大，信用风险就越大
政策风险	随着国家政策的变化，某些借款人或交易方会受政策的影响而丧失盈利的机会，造成无法及时履约。一般来说，政策原因导致的风险是不可预估的，也是巨大的
市场风险	市场状况不一样，借款人或交易方的经营状况就不一样。若是市场波动，交易方的收入不稳定，可能在一定程度上就会影响借款人或交易方的履约能力，不能及时还款
购买力风险	指未预期的高通货膨胀率所带来的风险，当市场实际通货膨胀率高于预期水平时，无论是获得利息还是收回款项时所具有的购买力都会低于最初投资或交易时预期的购买力

了解了信用风险后，销售人员应学习识别信用风险的基本方法，包括以下三项。

信息分析。企业可自行或通过金融机构对交易方的基本信息进行分析，包括资本情况、信用情况和经营情况等。

财务分析。企业定期对自己的财务状况进行分析，确保自己能够承受赊销的风险，所需资料包括各类财务报表。

其他因素分析。除了企业自身的财务状况，人事结构、管理制度、行业发展和政策风向等多方面的因素也应成为企业进行信用风险识别的重点分析对象。这样，对信用风险的识别才更全面。

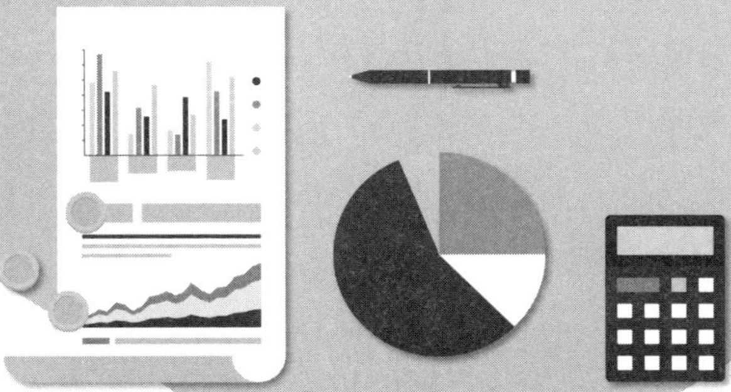

第7章

销售人员要如何催款

为了扩大盈利，企业不可能过多地采用一手交钱一手交货的交易方式，更多采用的是其他非现款交易，所以销售人员除了通过提高销售技巧来提高销量外，还要巧妙地完成后续的回款工作。回收货款是个技术活，销售人员需学习更多的技巧才能更好地收回货款。

制订合理的催款计划

销售人员除了负责销售业务外，还会负责催款工作。对于催款这项极具技术性和挑战性的工作，销售人员不仅要懂得相应的流程和技巧，还要事先做好催款计划，才能有条不紊地开展之后的工作。

所谓催款计划就是针对应收账款制定详细计划，最终目的是保证款项的及时回收，可通过设计催款计划书或是催款计划表来达到此目的。

催款计划书一般可分为四个部分书写，包括催收准备事项的梳理、可实施工作、上门催收的实施步骤和后续工作安排。如下所示为某公司销售人员的催款计划方案，销售人员可以此为参考结合自身公司的制度，设置催款计划。

应收账款催收方案

一、催收前期准备工作

1. 由销售后勤人员负责对公司目前的销售状况、客户基本资料、应收账款情况、逾期情况、催收情况、信用等级分析等进行汇总。

2. 销售后勤人员将汇总资料与销售人员进行有关客户的应收账款数据核对，以确保后续向客户发送催款函，或确认电话催收时所涉及的还款时间和账款数据都相符。

3. 销售后勤人员负责将全部销售合同信息资料进行电子台账录入及合同档案归整，方便随时调取。

二、销售人员的催收实施工作

1. 销售人员根据客户还款特点、付款时间及金额、客服关系程度、信誉等级程度选择催收方式。之后，由销售后勤人员负责统计催收情况。

2. 销售人员每周五将本周客户还款情况及逾期客户名单、逾期金额、逾期天数、催收措施等情况通过电子文档形式汇总到销售部后勤处，销售后勤及时将催收信息汇总后送至销售部经理审批及公司销售财务核对。

3. 销售后勤根据还款信息报表情况，协助销售人员进行一般性欠款催收，具体工作如下：

（1）销售人员首先与销售后勤进行沟通，确定电话 / 函件催收对象。

（2）合理安排电话催收日程，或邮寄对账单。邮寄对账单时，一定要求客户给予书面回复；销售后勤人员每日将函件 / 电话催收情况登记造册。

（3）在电话催款过程中，以书面表单形式记录客户承诺的还款时间、还款金额，以便安排财务及时查收。

（4）在电话催收过程中，如遇到客户推诿、拖延、拒付等情况，应将催收情况做好记录，并及时将信息汇总反馈到销售部经理处。

（5）如遇因欠款金额不符等问题拖延付款，先与客户进行沟通，同时尽可能避免与客户发生矛盾，耐心做好说服工作，以达到货款及时回收的目的。

4. 在电话催收过程中，及时将信誉极差的客户进行筛选、统计，以书面形式将信息反馈到销售部经理处及法务部，法务部根据客户欠款情况制定相应催收措施。

三、开展定期上门催收工作

1. 销售人员针对电话催收过程中所了解的客户情况，进行合理筛选，确定走访客户名单，及时将定期上门催收客户名单送交销售部经理审核。

2. 根据客户还款特点制订走访时间、地点、客户人数、走访人员等实施细节（需准备的材料有客户对账单、合同、催款函、到访回执单等；参与人员有销售部经理或业务主管、销售人员、法务部人员），并将上门催收工作方案交由总经理审批。

3. 在现场与客户进行沟通，做好客户的思想工作，告知不及时还款的严重性及后果。沟通好后，与客户一起协商下一步还款意向，并要求客户书面承诺或在对账单上签字确认。

4. 走访客户完毕后，及时归总走访客户信息，向主管领导汇报走访情况，并把信誉度极差的客户筛选出来，以便主管领导进行决策。

四、移交法务部开展催收工作

1. 根据上门走访情况，以及主管领导对客户走访情况的批示，制定对信誉度极差的客户的工作计划。

2. 归纳、汇总逾期客户的基本资料、欠款时间、欠款金额、违约金额、利息、催收情况等，移交法务部。

五、降低催款费用

1. 主要控制外出催款次数。

2. 尽量将各项费用及开支控制到最低点。

从上文可知，催收计划的内容非常详细并且有指导性，但从观感上来看会显得复杂。其实，销售人员可以通过表格推动催款工作的行进。催款计划表大致包含客户等级、客户资金运转情况、计划还款时间和坏账等内容。表 7–1 为简单的催款计划表模板。

表 7–1　催款计划表

序号	编号	合同签订日期	定　金			货到付款			备注
			金额	收款日期	进度	金额	收款日期	进度	
1									
2									

续表

序号	编号	合同签订日期	定　金			货到付款			备注
			金额	收款日期	进度	金额	收款日期	进度	
3									
4									
5									

了解赊账客户的基本信息

对于赊账客户，销售人员如何对其进行收款工作呢？首先要做的就是了解其基本信息。所谓知己知彼，百战百胜，只有了解对方的具体情况，才有可能计划出最合适的催款计划。如因天气原因，客户近期销售遇冷，那么催收可以放缓一点，采取一部分一部分回收的形式；如了解到客户曾多次参与诉讼，那么就要立即催还全款，甚至采用法律武器强制其付款。

而客户信息应该包括哪些方面呢？一般来说，客户信息是指客户喜好、客户需求、客户联系方式、客户类型等。具体可分为描述类信息、行为类信息和关联类信息三种类型，见表 7-2。

表 7-2　客户信息分类

分　类	具体描述
描述类信息	指客户的基本属性信息，如联系方式、地址、注册资本等，这类信息主要来自于客户的登记信息，所以容易采集到。对于该类信息最重要的是准确性，尤其是联络方式，这对后续交易、账款催收有着很大影响
行为类信息	行为类信息一般包括客户交易信息、兴趣爱好、消费需求等，该类信息主要是客户在消费和服务过程中的动态交易数据和交易过程中的辅助信息，通过对此类信息的分析可以更深入地了解客户的各种行为

续表

分　类	具体描述
关联类信息	关联类信息是指与客户行为相关的，反映和影响客户行为及心理等因素的相关信息。包括客户满意度、客户忠诚度等。一般来说可通过市场营销调研、客户研究等手法获得数据

要想了解客户信息，就需要通过各种手段和渠道收集信息。一般来说，获取客户信息的途径主要有企业内部已经登记的客户信息、与客户的交易记录、与客户交往时获得的信息，以及从外部获得的客户信息。

企业自行获得的信息很多时候较为片面，难以形成系统信息，所以要借助外部渠道来收集更多的信息。常见的外部渠道有哪些呢？

- **数据公司：**市场上有很多专门收集、整合和分析企业数据的公司，聘请这类公司查询企业资料，销售部可节省很多时间去做其他的工作，不过需要花费一笔服务费用。
- **信用卡公司：**信用卡公司保存有大量的客户交易历史记录，都是质量较高的数据。
- **信用调查公司：**此类公司专门调查企业的信用信息，对销售人员催款工作有极大的帮助。
- **杂志和报纸：**从一些全国性或区域性的杂志和报纸媒体上也可以收集到相关企业的各种信息，包括经营信息、交易信息等。
- **政府机构：**政府的行政机关和研究机构往往也有大量的企业数据，如公安户政部门的户政数据、税务机关的纳税信息以及社保部门的社会保险费缴纳信息等。

通过各项信息的查询，销售人员可针对每一位客户制作特定的客户信息表，该表格应该包含但不限于表 7-3 的内容项目。

表 7-3　客户信息表

客户名称	×× 市 ×× 有限公司
所属区域	西南片区
客户性质	中外合资企业
客户来源	黄页查询
所属行业	小商品制造业
信用状况	☆☆☆☆（一至五星）
联系周期	一周一次
购买周期	半年一次 / 新客户
员工数量	96 人
规模	中小型企业
从业时间	8 年
行业地位	影响一般
结算方式	货到付款
电话	02×－×××83766
传真	400－×××××163
电子邮件	×××15646@163.com
单位网址	www.k××.com
通信地址	成都市 ×× 区一环路南四段 × 号
邮政编码	610000
交易次数	2 次
交易金额	20.00 万元
首次交易	2018 年 12 月
最近交易	2020 年 3 月 6 日

表 7–3 所示的客户信息内容全面且有条理，关于其中某些重要内容的填写规则，销售人员还需注意。

客户名称。可以写公司全称，也可以写简称，销售人员自己清楚即可。

所属区域。以客户的业务范围而非公司地址来定义，如客户的经营范围是国内大区，可以分为华南、华东、华中、华北、西南、西北等地区。

客户性质。即企业性质，如国有企业、中外合资、私营或个体户、合伙企业、外商独资等。

客户来源。包括网站广告、展览会、其他客户推荐、邮件、报刊广告、黄页、合作伙伴介绍等。

客户类别。可以设置为潜在终端客户、潜在代理、现有终端客户、现有代理、流失终端客户、流失代理等。

所属行业。即教育、医疗卫生、政府、化工等。

信用状况。销售人员自行衡量评估客户的信用状况。

联系策略。设计与客户的联系周期，防止出现与客户断联而对其经营状况失去了解的情况 。

购买策略。总结老客户的购买周期，这样可防止客户流失，在客户没有按时采购的情况下，可以及时联络客户，采取挽留措施。

员工数量。能更清楚地了解客户的经营现状与规模。

行业地位。清楚地了解客户的重要程度，可以设置为行业领导者、较有影响、影响一般和没有影响力等。

结算方式。包括现款现货、一个月回款、票到付款、2 个月回款、3 个月回款等。

电话。客户的常用联系电话，或是公司电话。

交易金额。记录总交易金额，方便了解客户的重要程度。

首次交易。纪录与客户的业务往来开始时间，不用精确到具体日期。

最近交易。纪录与客户的最近一次交易时间，方便跟踪与客户的具体交易情况。

销售人员的催款流程

销售人员开展催款工作时不能随意而为，不能不顾时间规范而在任意时间段进行催款，或是刚刚开始催款便发送催款函，而应按照基本流程进行催款，知道先做什么，后做什么，需要用到哪些工具。图 7-1 为催款流程图。

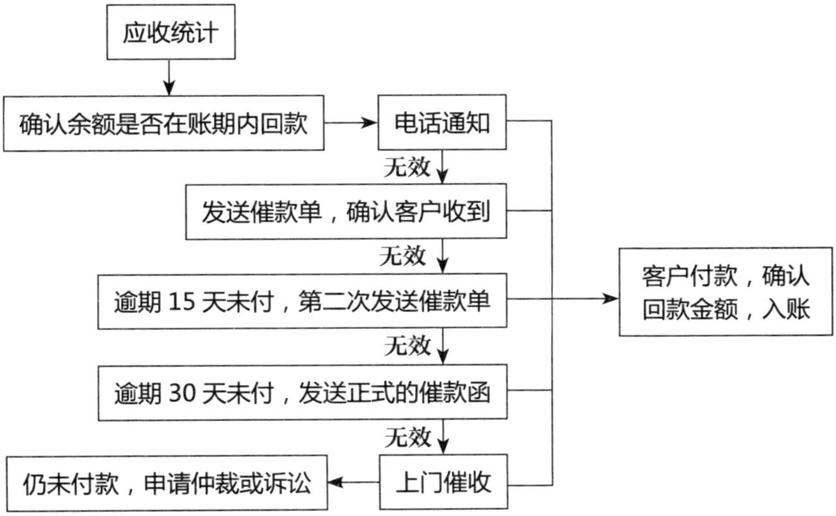

图 7-1　催款流程图

通过图 7-1 的流程，我们可以了解到销售人员在催款过程中需要用到的资料，如催款单、催款函。

催款函是一种催交款项的文书，是交款单位或个人在超过规定付款期限，未按时交付款项时由收款单位发出使用的通知书。而催款单的书写内容比较简单，没有催款函那么正式。

催款函有两种表现形式，一是便函式，以信函的形式写作；二是表格式，编制固定表格，使用时直接填写内容即可。企业常用的是信函式催款函应包括以下主要条款。

- 欠款单位的全称和账号。
- 欠款的原因。
- 欠款的时间。
- 欠款的金额。
- 销货发票号码。
- 建议处理措施或意见。

催款函一般由五个部分组成。

（1）标题和编号

标题一般为“催款函”，如果催收的是紧急款项，可在标题前写上“紧急”二字。最好为标题注明编号，这样便于查询。

（2）名称和账号

催款函要清楚、准确地写上双方的公司全称，以及本公司的账号信息（包括开户银行名称、公司账户名称和账号），甚至是公司地址、电话及负责人的姓名等信息。

（3）催收内容

催款函的主体部分为催收内容，包括催收的原因、日期、发票号码、欠款金额及拖欠情况。销售人员应按实际情况进行书写，做到简洁明朗，可以借助双方签订的合同条款来完成。

（4）处理意见

处理意见即向对方表示自己的期盼，或提出处理办法和意见，一般从以下三个方面予以说明。

①要求对方说明拖欠的原因。

②重新给出付款期限，希望对方按时如数交付欠款。

③提醒对方再次逾期不归还欠款将收取违约金或采取其他措施。

（5）落款

写明企业的全称并加盖公章，然后注明发文日期。

了解了催款函的写作结构后，相信销售人员能够快速写出一份催款函。而在实际写作时还需注意以下事项。

- 通知对方付款时间将要到或已经到，让对方准时付款，此时催促语气不宜强烈，以提醒为主。
- 对方未按时付款或已长时间拖延付款，销售人员书写时，语气可强烈些，或是警告对方。
- 为了维持之后的友好合作，销售人员的催促语气要循序渐进，最好分阶段，如第一阶段予以提醒，第二阶段直接催促，第三阶段最后警告。
- 销售人员必须对催款函上的各项内容予以明确。

【例 7-1】

×× 公司：

于 ×× 年 ×× 月 ×× 日为止，根据我司与贵司订立的《×× 合同》（编号：________），我公司已为贵公司发送了 ××，货款金额计 ×× 万元，发票编号为 ××××。可能由于贵方业务过于繁忙，以致忽略承付。故特致函提醒，请即时进行结算。如有特殊情况，请立即与我公司 ×× 联系。

手机号码：150××××，邮编：610000，地址：××××。

特此函达。

我公司账户名称：××××××××××××

开户银行：中国银行

账号：××××××××××××

×× 年 ×× 月 ×× 日

【例 7-2】

×× 公司：

感谢贵司对我司的信任和支持，选择我司作为合作伙伴！

贵公司与我司于 ×× 年 ×× 月 ×× 日签订的《×× 合同》中约定，贵司应于 ×× 年 ×× 月 ×× 日支货款 ×× 元整（大写：________）。为了避免不必要的麻烦以及有利于双方今后更好的合作，请于 ×× 年 ×× 月 ×× 日前付讫，感谢贵方长期以来对我方的支持！

商祺！

另附公司账号：

开户名：×× 市 ×× 有限公司

开户行：工商银行 ×× 支行

账号：123××××××××5927

×× 市 ×× 有限公司

×××× 年 ×× 月 ×× 日

【例 7-3】

×× 公司：

贵司与本公司于 ×× 年 ×× 月 ×× 日签订了一份《×× 合同》，约定我公司于 ×× 年 ×× 月 ×× 日前将 20 箱白色衬衫（每箱 100 件）发送至你方工厂，贵司应在货物到达 3 日内支付款项。但我公司至今仍未收到该笔款项，共计人民币 ×× 万元整。

鉴于我司已为此次交易投入极大的人力成本，为保障公司正常运转，现特致函贵司，于 ×× 年 ×× 月 ×× 日前向我司支付上述款项。

逾期，我司将采取相应的法律手段解决此事，届时贵司除支付上述款项之外，还将承担因逾期支付产生的违约金及造成的其他损失，以及诉讼后的案件受理费、财产保全费等诸多费用。

特此告知，万望理解和支持。

收款账户信息如下：

账户名称：××××

账号：××××××××××

开户行：××××××××

商祺！

上海 ×× 有限公司

×× 年 ×× 月 ×× 日

销售人员催账的基本方式

对于销售人员来说，达成交易不容易，最终成功收到货款更是难上加难。除了了解催账流程外，销售人员对于常见的催账方式也该有基本认识，以便选择适合自身企业的催账方式。

（1）电话催款

电话催款即通过电话联系对方通知付款，是最常见的催款方式。通话内容一定要进行录音，如果以后有诉讼的必要，则录音可以作为本公司的有利证据。销售人员在进行电话催款前需要掌握基本交易信息和一定的谈判技巧。

电话催收适用的情况有四种。

①需要催收的客户区域分散、不集中且数量不多、金额不大。

②信用等级较高，只需稍微提醒即可付清款项的客户。

③定金、预付款、发货款的催收。

④通信成本不大的情况下，电话催款是非常简便的。

（2）当面催款

当面催款即销售人员需要登门拜访拖欠款项的企业，这种催款方式的成本很高且耗时耗力，不过为了成功收回款项，在非常迫切的情况下，也不得不采用这种催款方式。适用当面催款的情况有如下所示。

①需要结清的金额较高。

②拖欠企业集中在同城或周边区域，且数量较多。

③客户极不配合，有很大的款项拖欠嫌疑。

（3）信函催款

由于科技发展，因此有了传真和电子邮件通讯方式，但一般很少有企业采用信函催款的方式。不过信函催收也有其优势，如下所示。

①信函可以一次性发给所有欠款企业，比电话催款更方便。

②成本不高。

③凡是金额不高的款项都可以使用信函催收，适合作为辅助催收工具。

④能够保护信函内容，不至于泄露双方信息。

（4）传真催收

传真催收款项时，利用传真机可快速向对方发送催款文件，该方式具备以下特点。

①节约成本，提高效率。

②可自行设计格式和内容，突出公司形象。

③快速但保密性差。

④最好与其他催款方式相结合，才能达到更好的催收效果。

（5）诉讼催款

诉讼催款是在销售人员使用所有催收方式和技巧后，仍然收不回应收款项，最后才采取的催收方式，走法律途径维护自己的权益。销售人员须知民事诉讼一旦发起便覆水难收，双方今后几乎没有再合作的可能了。除非对方毫无付款意向，否则不建议采用诉讼的手段催款。

诉讼催款除了能保证公司的利益外，没有丝毫好处与优势，不仅耗时耗力，公司还需要举证，从而会花费不少的成本。

诉讼催款的弊端有哪些

诉讼催款应该是所有催账方式中最有效但也是最麻烦的一种，一般来讲，销售人员要避免走到这一阶段。至于具体原因，通过认识诉讼催款的弊端便可知一二。

（1）复杂又耗时

诉讼是指公民、法人、其他组织依法告诉（起诉）、申诉、控告或司法机关依职责追究他人法律责任，由人民法院裁决的法律行为。企业一旦采用诉讼的方式催款，就意味着必须接受法律的规程办理一切催款事宜，包括一审、二审这些漫长的审理环节。

除此之外，诉讼企业还需要准备用于诉讼的材料，等待排期立案。所以指望通过诉讼方式尽快回款是不可能的。

（2）执行有难度

经过诉讼，企业若是胜诉也并不意味着就能顺利追回款项，需要向法院申请强制执行，而强制执行的时限可能很长，企业要考虑出现这种情况的可能性。

（3）举证困难

企业作为提起诉讼的一方当然需要提供相关的材料举证，若是出现材料不足，或重要资料缺失，对己方是非常不利的，一不小心就可能败诉。所以销售人员从交易开始到催收账款的过程中都要注意保存资料，所有与交易方有关的资料，包括合同、订单、出货单、催款单等都要保存好。

（4）成本费用高

企业提起诉讼后就要考虑到一系列费用的支出了，包括诉讼费、律师费、交通费、材料费等，如果案件不顺利，不能及时收回款项，这些费用都需要企业自行承担。

（5）合作关系破裂

如果提起诉讼，交易双方的关系自然会一落千丈，再也无法弥补，也几乎不会有再次合作的可能了，这样做无疑减少了自己的合作伙伴。

（6）自身影响

若是参与诉讼，企业的相关信息也会被披露，任何人都可以查到企业参与过哪些诉讼，不论是原告还是被告，对企业都有一定的不利影响。企业过于依赖诉讼方式进行催款，容易让合作者觉得难以合作，可能会丧失很多合作机会，所以企业要慎重考虑是否提起诉讼进行催收。

销售人员要注意表达方式

无论是电话催收，还是当面拜访催收，销售人员都不能毫无准备，更不能按照常规的一问一答的方式来催收，若是对方故意拖欠或敷衍了事，销售人员就只能无功而返。所以销售人员应该注意自己的表达方式，有技巧地提出问题或回答对方的问题。

双方正常对话的顺序应该是：确认身份→提醒还款→核对账目→讨论还款计划→还款方式→确认账户信息。

销售：您好，我是××公司的销售罗西，请问你是××公司的财务张某吗？

客户：是的。

销售：不好意思，需要占用您几分钟的时间，今年5月份贵公司采购了我们公司的一批健身器材，按照合同约定，应在6月之前支付剩余货款，现在回款期已经过了，还请尽快还款。

客户：是哪笔订单呢？

销售：订单号为××××××，贵司已经支付了一笔定金，计4万元。还需支付剩余货款13万元。

客户：稍等，我需要核对一下，没错。

销售：贵公司打算什么时候支付货款呢？

客户：如无意外我们会在本周之内向你方支付剩余货款。

销售：请问你们打算采用什么方式结算呢？

客户：银行转账方便快捷。

销售：好的，需要我再复述本公司的账号吗？

客户：不用了，我们有记录，会尽快将余款转给你方。

销售：打扰了，多谢你方的配合，期待日后的合作。

正常情况下，销售人员只需按上文所示应对即可，不过实际催款工作的情况要复杂得多，所以面对不同的情况时销售人员要学会使用不同的表达技巧。现实中可能只有经验非常丰富的销售人员才能掌握全面的催收技巧。通过一些常见的案例，能帮助一般的销售人员了解应对方法，从而运用在实际操作中。

常见的催款情景有以下一些。

（1）推迟还款

对方没有拒绝还款，却不断推迟还款时间，导致销售人员还是无法成功收回货款。

销售：您好，我是 ×× 公司的销售李某，请问您是赵经理吗？

客户：是的。

销售：元旦节快到了，提前祝您元旦快乐。今年 10 月份的时候我们达成了 10 万元的交易，现还有一部分的尾款未结，您还记得吗？

客户：哦，我记得，只是最近公司在开拓业务，资金来不及回收，所以需要再等一段时间，我们一向合作得很好，希望贵公司能再给我们一些时间。

销售：赵经理，我们这次合作得这么好，也是建立在诚信的基础上，我相信贵公司能够按照合同履约，这能为将来的合作打下良好的基础。不过距离我们约定的付款日期已经过了快 3 个月了，我们之前也没有轻易打扰您。

客户：我知道，非常抱歉。

销售：公司马上就要进行年底的财务审查了，会重点审查回款项目，还会对合作伙伴的综合情况进行全面汇总。所以，希望得到您的理解，尽快将款项支付给我们。

客户：那既然是这样，我会尽快支付货款的，一个月内如何？

销售：赵经理，根据我们合同约定的，贵公司在 1 月 10 日之后付款，会再支付本公司一笔滞纳金，为了贵司的权益，您最好在 1 月 10 日之前支付货款。

客户：好的，我明白了。

通过上文我们可以了解到，若是对方推迟付款，销售人员就要找到不能推迟付款的原因，即时间界限，比如年底结算、财务审查、合同规定的违规期限及应对的违约金或滞纳金等。

（2）态度敷衍

有的公司接到催款电话时态度敷衍，没有任何还款意愿，让销售人员无计可施。

销售：您好，我是 ×× 公司的销售周某。

客户：不认识，有什么事吗？

销售：贵公司不久前向我们公司采购了一批棉布，现有未结清的款项，望贵公司早日结清。

客户：哦，是吗？这个，我一个人也做不了主，你明天再打电话过来吧，我要先上报财务主管。

销售：昨日我已经向您致电，今日希望你们能给出一个详细的付款时间。

客户：昨天主管外出办公了，所以耽误了，你还是明天再打来吧。

销售：俗话说事不过三，我已经致电了三次，不会再次致电，我再次和您强调，贵司已经逾期付款，不仅要支付货款，还要支付滞纳金。既然您不喜欢在电话里讨论，那么我只能上门收款，与您当面沟通了。

客户：嗯，这倒不必，您是 ×× 公司的吧，我查了一下确实有货款未结，不过你需要给我们一点时间。

销售：多久？

客户：3 个月，可以吗？

销售：贵公司已经逾期了，如果您不能在一周内结清款项，我们公司的销售经理会前去拜访的。

如果对方态度敷衍，销售人员就应该拿出强硬气势来，或者放弃电话沟通，直接告知上门催款。

（3）负责人转移

如果催款的时候，对方告知负责人已经转移了，销售人员应该询问并获取新负责人的联系方式。

销售：您好，请问是 ×× 公司的李总吗？我是 ×× 公司的销售范某。

客户：你好。

销售：是这样的，我们公司今年 5 月份发给你们的那批货，您觉得质量如何？

客户：非常不错，我们已经投入使用了。

销售：谢谢您的认可，那批货的尾款还没有结清，其实不多，也就 3 万元，贵司能把账结了吗？感谢您支持我们的工作。

客户：哦，这个事我已经不负责了。

销售：您不负责了？那请问我应该与谁联系呢？是财务部的人吗？

客户：这个我也不清楚了。

销售：我知道工作交接一般都有记录，还请您受累帮我查一下，工作完成了对双方公司都有益。

客户：要不你直接联系财务部吧。

销售：还请您告知财务部的电话，或是负责人的手机号码也行。

结合财务管理要求进行用户信用等级考评

为了之后能更加顺利地收回货款，销售部可以对客户的信用等级进行考评，这样办事有标准，可提高催款成功率。至于如何进行考评，很多公司会制定符合本公司情况的客户信用等级评定标准。

××公司客户信用等级评定标准

一、目的

为了加强客户信用控制，降低回款风险，同时为客户分类、账期提供合理依据，特制订以下制度。

二、内容

信用等级的评估是以客户的信用履约记录和还款能力为核心，进行量化的评定。客户信用等级每季度根据客户上一季度的经营和财务状况评定一次。

三、评估方法

信用评估指标分为整体素质评价、信用履约率评价、资本状况评价三大类共20项，对各项指标设置相应分值。

信用等级评定实行百分制，其中财务指标占30分，非财务指标占70分。评分后按得分的高低，对客户分为A、B、C、D、E五个等级。

1. 评估步骤

（1）需要通过客户的相关资料进行评判，所以销售人员要搜集客户的营业执照信息、财务报表（上年末及上季度末）等相关资料。

（2）填写客户基本情况表。

（3）根据客户实际情况填写客户信用等级评分表。

2. 客户信用等级评分表

（1）整体素质评价（35分）。

1. 整体印象——满分 5 分	
A. 成立 3 年以上，公司规模较大，员工职业素质较高，在同行业领域中形象良好。	5 分
B. 成立 1 年（含 1 年）以上，公司规模较中等，员工职业素质不错，在同行业领域中形象良好。	3 分
C. 成立未满 1 年，公司规模较小，员工素质参差不齐，公司在同行业领域中没有值得注意的地方。	1 分
2. 行业地位（经营区域内的市场占有率）——满分 5 分	
A. 在当地销售规模处于前 3 名。	5 分
B. 在当地销售规模处于前 10 名。	4 分
C. 在当地有一定销售规模，但排名较后。	3 分
D. 在当地处于起步阶段。	1 分
3. 负责人职业素养（项目负责人的文化水平、行为谈吐等综合评价）——满分 5 分	
A. 良好。	5 分
B. 一般。	3 分
C. 差。	1 分
4. 业务关系持续期——满分 4 分	
A. 与本公司的业务关系持续 3 年或 3 年以上。	4 分
B. 与本公司的业务关系持续 1 ～ 3 年。	3 分
C. 与本公司的业务关系持续 1 ～ 2 年。	2 分
D. 与本公司的业务关系少于 12 个月。	1 分
5. 业务关系强度——满分 4 分	
A. 以本公司为主要供货商。	4 分
B. 以本公司为次要供货商。	3 分
C. 偶尔在本公司采购。	1 分

6. 合作诚意——满分 4 分	
A. 合作态度好，愿意向本公司提供报表。	4 分
B. 合作态度一般，向其索取财务报表有一定难度。	2 分
C. 合作态度差，不愿意向本公司提供财务报表。	1 分
7. 员工人数——满分 3 分	
A. 人员稳定，从业人数 100 人以上。	3 分
B. 从业人数 30 ~ 100 人。	2 分
C. 从业人数少于 30 人或人员流动性大。	1 分
8. 诉讼记录——满分 5 分	
A. 无诉讼记录。	5 分
B. 有诉讼记录但已全部胜诉。	3 分
C. 有未决诉讼，或已胜诉但不能执行。	2 分
D. 有诉讼记录，败诉。	1 分

（2）信用履约评价（47 分）。

①信用履约率——满分 25 分。

$$信用履约率=\frac{上季度累计偿还到期信用额}{上季度累计到期信用额}\times 100\%$$

满意值为 100%。

$$得分=评分\times 25$$

②按期履约率——满分 17 分。

$$按期履约率=\frac{上季度累计按期偿还到期信用额}{上季度累计到期信用额}\times 100\%$$

满意值为 100%。

得分 = 评分 ×17

③呆 / 坏账记录——满分 5 分。

上季度无呆 / 坏账记录：5 分。

上季度有呆 / 坏账记录：0 分。

（3）资本状况评价（18 分）。

1. 注册资本——满分 5 分	
A. 注册资本在 100 万元（含 100 万元）以上	5 分
B. 注册资本 50 ～ 100 万元	4 分
C. 注册资本在 50 万元以下	3 分
2. 年营业额——满分 7 分	
A. 年营业额 8 000 万元以上	7 分
B. 年营业额 5 000 ～ 8 000 万元	6 分
C. 年营业额 2 000 ～ 5 000 万元	5 分
D. 年营业额 1 000 ～ 2 000 万元	4 分
E. 年营业额 500 ～ 1 000 万元	3 分
F. 年营业额 300 ～ 500 万元	2 分
G. 年营业额低于 300 万元	1 分
3. 营业额增长率——满分 6 分	
营业额增长率 =（上季度销售收入额 − 前季度销售收入额）÷ 前季度销售收入额 满意值为 10%（高于或等于 10% 均得满分） 得分 = 评分 ×6÷10%	

由上文可知，想要对客户的信用等级进行考评，最重要的是设置考评标准和等级数量、标志。

首先是登记数量，企业通常都会设计五个等级。每个等级的标志各有不同，有的以“☆”为标志，有的以字母为标志，有的直接分为“一等”“二等”。

其次是信用标准，可以先进行大致分类，以百分制为基准，每个重点分类都要设置合适的分值，再细分具体的划分标准。

财务中所称的呆账、坏账是什么

由于销售人员负责催款工作，因此一定对呆账和坏账有所了解。呆账是指已过偿付期限，经催讨尚不能收回，长期处于呆滞状态，有可能成为坏账的应收款项。呆账是未能及时进行清账的结果，而坏账是指已经确认无法收回的应收账款。所以相比坏账，呆账还是有可以回款的余地。

之所以会产生呆账、坏账，还是因为企业在销售货物的时候没有做好相关工作，销售人员应该了解产生呆账、坏账的原因，然后改善销售工作。

（1）销售管理不当

销售管理采用“高压”政策，使很多销售人员来不及考虑购货方的实际能力、财务状况和偿债能力等要点，导致进行了过多的轻率交易，提高销量的同时也提高了产生呆账、坏账的风险。

如果不加改变，长期积累，呆账、坏账会越来越多，使企业的流动资金受到影响，也会影响企业的正常运营。

（2）调查形式化

即使很多企业都要求销售人员在与对方交易前先进行调查，可还是能出现流于表面、走形式化的情况，比如销售人员为了简化自己的工作，稍稍询问一下客户便开始谈合作了，并未采取更进一步的调查措施。

（3）合同条款有漏洞

支付、结算是购销交易中重中之重的内容，与之有关的合同条款也应慎重考虑和拟定，以免损害自身权益。但还是有很多企业因欠缺合同知识，忽略了条款中的漏洞，导致催款困难。

如下所示为某销售合同中关于付款方式的内容，其仅仅规定了购货方如何付款，却没有规定具体的付款期限以及延期付款的惩罚措施，这就为货款回收不及时埋下了隐患。

甲方先支付总货款 20% 的保证金给乙方，产品完成生产后，通知甲方进行验货，合格后，甲方再支付总货款的 80% 给乙方，账户信息如下所示。

账户名：××××

账号：××××××××

开户行：××××

甲方付款后，提供银行流水单确认。

（4）质量纠纷

卖方交货时，按道理来说买方要进行验货，这是最容易产生纠纷的。买方如果存心找茬，可以从包装、质量等各个方面找出问题，卖方一般很难处理，这样双方僵持，货款也很难结清。

如果想要减少这方面的纠纷，最好在合同中就约定好货物的质量标准，比如只要达到某一条件货物的质量就没有问题，这样就没有不付款的理由了。

（5）购货方问题

除了企业自身的管理问题，购货方若是存心欺诈，销售人员也会防不胜防，又或者说购货方的不良债务过多，结果使企业资金运转出现问题，最终难以及时还款，导致销货方深受其害。

坏账准备的计提及处理程序

如果在交易过程中企业出现失误，经过各方努力最终还是出现了坏账，那么在核算时，该如何确认坏账呢？一般来说，企业对坏账进行核算的方法有两种，一是直接转销法；二是备抵法。

直接转销法是指在实际发生坏账时，作为期间费用核销，直接借记“信用减值损失——坏账损失”科目，贷记“应收账款”科目。这种方法核算简单，不需要设置“坏账准备”科目。

备抵法就是按期估计坏账损失，将其计入期间费用，同时设置“坏账准备”账户，待坏账实际发生时，冲销坏账准备。至于如何估计坏账损失，有三种方法可供选择，即年末余额百分比法、账龄分析法和销货百分比法。

- **年末余额百分比法：**根据会计期末应收账款的余额乘以估计坏账率，得出需计提的坏账准备。
- **账龄分析法：**根据应收账款入账时间的长短来估计坏账损失的方法。虽然应收账款能否收回以及能收回多少，并非完全取决于时间的长短，但一般来说，账款拖欠的时间越长，发生坏账的可能性就越大。因此该方法在计提坏账准备时也有其实际效用。

◆ **销货百分比法：**根据当期赊销金额的一定百分比估计坏账损失的方法。

知识延伸｜计提坏账准备的注意事项

我国现行行业制度规定，提取坏账准备的企业，采用应收账款余额百分比法，可以于年度终了时按照年末应收账款余额的3‰～5‰计提坏账准备。

为了保证坏账核算的程序性和规范性，企业可设置相应的规范制度，这样相关人员就能依照规章制度办事。

坏账准备计提及坏账核销制度

第一章 总则

一、为加强公司应收账款管理，规范公司坏账准备计提及坏账核销，特制订本制度。

二、本制度适用于应收账款及其他应收款（下文统称为“应收款项”）坏账准备的计提及坏账核销。

三、公司应当定期（每季季末或每年年度终了）对应收款项进行全面检查，预计各项应收款项可能发生的坏账，对于没有把握能够收回的应收款项，应当计提坏账准备。

第二章 坏账准备计提方法

四、公司采用备抵法核算坏账损失，并用账龄分析法及根据债务单位的财务及经营实际情况合理地估计坏账准备。坏账准备分为专项坏账准备及一般坏账准备。

1. 专项坏账准备。

专项坏账准备的提取是对各重大应收款项进行分析，在分析过程中，将综合考虑此账款的账龄、债务单位的财务及经营情况、账款的当期回收情况及期后回收情况，从而进行坏账准备的估计并计提。

2. 一般坏账准备。

对并非重大的应收款项，按其余额照一定比例提取一般坏账准备。具体提取比例如下所示。

账龄情况	一般坏账准备提取比例
超过 3 年	100%
2—3 年	80%
1—2 年	50%
6—12 个月	10%
3—6 个月	5%

五、公司持有的未到期应收票据，如有确凿证据证明不能收回或收回的可能性不大时，应将其账面余额转入应收账款，并计提相应的坏账准备。

六、公司的预付账款如有确凿证据表明其不符合预付账款性质，或者因销货单位破产、撤销等原因已无望再收到所购货物的，应将原计入预付账款的金额转入其他应收款，并计提相应的坏账准备。

第三章 坏账准备计算方法及账务处理

七、坏账准备计算公式

当期应提取的坏账准备 = 当期按应收款项计算应提坏账准备金额 − 坏账准备科目的贷方余额

1. 当期按应收款项计算应提坏账准备金额大于坏账准备科目的贷方余额，应按其差额提取坏账准备。

2. 如果当期按应收款项计算应提坏账准备金额小于坏账准备科目的贷方余额，应按其差额冲减已计提的坏账准备。

3. 如果当期按应收款项计算应提坏账准备金额为零，应将“坏账准备”科目的余额全部冲回。

八、公司提取坏账准备时，借记“信用减值损失——坏账准备”科目，贷记“坏账准备”科目。

本期应提取的坏账准备大于其账面余额的，应按其差额提取；应提数额小于账面余额的差额，借记“坏账准备”科目，贷记“信用减值损失——坏账准备”科目。

第四章 坏账核销及账务处理

九、公司对于不能收回的应收款项应当查明原因，追究责任。对有确凿证据表明确实无法收回的应收款项，如债务单位已撤销、破产、资不抵债、现金流量严重不足等，经__________（董事会 / 董事长）批准作为坏账损失，冲销提取的坏账准备。

十、公司对于确实无法收回的应收款项，确认坏账损失并冲销提取的坏账准备，借记“坏账准备”科目，贷记“应收账款”“其他应收款”等科目。

已确认并核销的坏账损失如果以后又收回，按实际收回的金额，借记“应收账款”“其他应收款”等科目，贷记“坏账准备”科目；同时，借记“银行存款”科目，贷记“应收账款”“其他应收款”等科目。

第五章 附则

十一、本制度经____________（董事会 / 董事长）批准后实施，并备置于公司所在地，以供投资者查阅。

十二、为保持会计政策的一贯性，坏账准备提取方法一经确定，不随意变更。如需变更，仍须按上述程序，经批准后报送有关各方备案。

一定要签订有效的购销合同

合同是认定当事人双方买卖关系成立的要件，签订了合同才能保证买卖双方的基本权益。如果一方违反了合同的有关条款，就需要承担相应的责任。不过，这是在双方签订的合约是有效的基础上。

购销合同在某些情况下是无效的，如果销售人员不知道，与对方签订了无效的购销合同，就有很大的隐患。一般哪些情况下购销合同是无效的呢？

（1）法律规定的合同无效条款

《中华人民共和国合同法》第五十二条规定，有下列情形之一的，合同无效：

（一）一方以欺诈、胁迫的手段订立合同，损害国家利益；

（二）恶意串通，损害国家、集体或者第三人利益；

（三）以合法形式掩盖非法目的；

（四）损害社会公共利益；

（五）违反法律、行政法规的强制性规定。

第五十三条规定，合同中的下列免责条款无效：

（一）造成对方人身伤害的；

（二）因故意或者重大过失造成对方财产损失的。

第五十四条规定，下列合同，当事人一方有权请求人民法院或者仲裁机构变更或者撤销：

（一）因重大误解订立的；

（二）在订立合同时显失公平的。

一方以欺诈、胁迫的手段或者乘人之危，使对方在违背真实意思的情况下订立的合同，受损害方有权请求人民法院或者仲裁机构变更或者撤销。

当事人请求变更的，人民法院或者仲裁机构不得撤销。

（2）合同只有签字

合同条款协商好后，双方就要在合同上签字并盖章，这样合同才能生效。虽然《中华人民共和国合同法》第三十二条规定：当事人采用合同书形式订立合同的，自双方当事人签字或者盖章时合同成立。

但若出现如下情况，合同很有可能被判定不能生效。

A 公司和 B 公司就交易活动签订了一份购销合同，双方都只有业务员签字，没有单位盖章。现在 A 公司已发货到 B 公司指定的工厂，却没有收到货款，A 公司的销售人员联系 B 公司的业务员时也联系不上，这种情况下 A 公司想要追回货款是非常困难的。

由于签字的只是公司的业务员，无法确定其身份，又没有公司的公章，该份合同并未生效，只能通过留存的发货证据，如发货单，来主张自己的权利。

除此之外，还有一种只有单方签字的情况，此时合同也是无效的。

合同是双方真实意思的表示，购销合同的主体应该是公司，所以销售人员一定要注意加盖公司公章或业务专用章，这样才能保证合同的有效性。

（3）无书面合同

如果购销双方在不同的城市，为了方便起见可能采用的是电子版的合同形式，但此合同很有可能被判定为无效。

《中华人民共和国合同法》第三十三条规定：当事人采用信件、数据电文等形式订立合同的，可以在合同成立之前要求签订确认书。签订确认书时合同成立。

所以，没有确认书的电子合同是无效的。

注意约定的重点内容

购销合同是指一方将货物的所有权或经营管理权转移给对方，对方支付价款的协议。购销合同包括供应、采购、预购、购销结合及协作、调剂等形式。签订购销合同应当注意哪些事项呢？销售人员只有了解清楚才能保证交易万无一失。

（1）有关产品的各项内容

主要对产品的名称、商标、规格型号、生产厂家、计量单位、数量、单价、金额、供货时间及数量等进行规范。

①产品名称要正确填写，不要写习惯名或自命名。

②凡使用品牌、商标的产品，应特别注明品牌、商标和生产厂家。

③规格型号一定要写清楚，可参考相应的物资目录、设备目录等。

④产品数量和计量方法需按国家或主管部门规定的计量方法执行；没有规定的，按双方商定的计量方法执行。

⑤价格、金额，除国家规定必须执行国家定价的以外，由当事人协商议定。

⑥供货期限要约定清楚，有关发货日期、到货日期等条款不能含糊，以免引起纠纷。

（2）产品质量的约定条件

产品有国家强制性标准或者行业强制性标准的，签订合同时不得低于国家强制性标准或者行业强制性标准；没有国家强制性标准，也没有行业强制性标准的，由双方协商标准签订。

一般的购销合同对于特定产品都有具体标准，主要应约定具体条件、提供样品、补充技术等。

（3）约定清楚运输方式及费用负担

对于运输的方式和路线，如有必要，可以在合同中进行约定，一般以运费低、运速快、货物安全到达为基准。对于运费由哪方承担，合同中应该约定清楚，以免出现互相推诿而不承担付费责任的情况。

（4）货物包装标准

首先是产品包装标准，一般按国家标准或专业标准规定，除此之外，有特殊要求的，按特殊要求来办理。

（5）违约责任

违约责任是购销合同的重点内容，销售人员一定不要忘记约定违约责任。有关购货方的违约责任，可从以下几方面进行考虑。

- 购货方中途退货的，应向本公司承担退货部分货款的违约金。
- 购货方自提产品时未按约定时间或通知的时间提货的，应支付违约金，并承担保管费用。

◆ 购货方逾期付款的，应承担违约金。

◆ 购货方违反合同拒绝接货的，按退货处理，并承担由此造成的供方损失。

如下所示为购销合同范本，可供销售人员参考。

购货单位：__________，以下简称甲方；

供货单位：__________，以下简称乙方。

经甲乙双方充分协商，特订立本合同，以便共同遵守。

第一条 产品的名称、品种、规格和质量

第二条 产品的数量和计量单位、计量方法

1. 产品型号：________ 数量：________ 金额：__________。

2. 产品型号：________ 数量：________ 金额：_________。

第三条 产品的价格与货款的结算

产品货款的结算：产品的货款、实际支付的运杂费和其他费用的结算，按照中国人民银行结算办法的规定办理。

第四条 验收方法______________________________

第五条 对产品提出异议的时间和办法

1. 甲方在验收中，如果发现产品的品种、型号、规格、花色和质量不合规定，应一面妥为保管，一面在30天内向乙方提出书面异议；在托收承付期内，甲方有权拒付不符合合同规定部分的货款。甲方怠于通知或者自标的物收到之日起过两年内未通知乙方的，视为产品合乎规定。

2. 甲方因使用、保管、保养不善等造成产品质量下降的，不得提出异议。

3. 乙方在接到甲方书面异议后，应在10天内负责处理，否则，即视为默认甲方提出的异议和处理意见。

第六条 乙方的违约责任

1. 乙方不能交货的，应向甲方偿付不能交货部分货款的____%的违约金。

2. 乙方所交产品品种、型号、规格、质量不符合规定的，由乙方负责包换或包修，并承担修理、调换或退货而支付的实际费用。

3. 乙方逾期交货的，应比照中国人民银行有关延期付款的规定，按逾期交货部分货款计算，向甲方偿付逾期交货的违约金，并承担甲方因此所受的损失。

4. 产品错发到货地点或接货人的，乙方除应负责运交合同规定的到货地点或接货人外，还应该承担甲方因此多支付的一切实际费用和逾期交货的违约金。

第七条 甲方的违约责任

1. 甲方中途退货，应向乙方偿付退货部分货款_____% 的违约金。

2. 甲方逾期付款的，应按中国人民银行有关延期付款的规定向乙方偿付逾期付款的违约金。

第八条 不可抗力

甲乙双方的任何一方由于不可抗力的原因不能履行合同时，应及时向对方通报不能履行或不能完全履行的理由，以减轻可能给对方造成的损失，在取得有关机构证明以后，允许延期履行、部分履行或者不履行合同，并根据情况可部分或全部免予承担违约责任。

第九条 其他________________________

本合同如发生纠纷，当事人双方应当及时协商解决，协商不成时，任何一方均可请业务主管机关调解或者向仲裁委员会申请仲裁，也可以直接向人民法院起诉。

本合同一式两份，甲乙双方各执一份。

购货单位（甲方）：_____（公章）

法定代表人：_________（公章）

地址：_____________

开户银行：______________

账号：______________

电话：__________

_____年_____月_____日

供货单位（乙方）：______（公章）

法定代表人：___________（盖章）

地址：_______________

开户银行：______________

账号：_________________

电话：___________

_____年_____月_____日

知识延伸｜了解应收账款账龄

应收账款账龄是指资产负债表中的应收账款从销售实现、产生应收账款之日起，至资产负债表日止所经历的时间，即应收账款在账面上存在的时间。销售人员对应收账款账龄进行分析，能够帮助其提高销售业务绩效，使资金快速回笼，减少企业的坏账损失。

销售人员催款应注意哪些问题

在催款过程中还有许多事项需要引起销售人员的重视，这样才能全面提高催收成功率。下面来看看有哪些需要注意的事项呢？

（1）明确催款对象

对销售业务来说，催款对象一般为销售合同的甲方，在签订购销合同的时候，销售人员要确定合同的签订主体与实际履约主体一致，这样将来有纠纷时，才能明确被催款方，最大限度地维护自己的权益，有效催款、清偿。

（2）理清催款依据

催款不是销售人员贸然做的工作，虽然企业销售商品应该得到商品销售收入，不过任何交易往来都是依照合同条款进行的，催款也是，并不能脱离合同随意催款。销售人员要理清交易未清款项、付款时间、付款方式、违约责任以及其他权利义务的约定，这样才能有理有据地争取自己的权益。

（3）合法催款

销售人员催款有多种方式可以选择，需要谨记的是合法催款，不要因为对方是“老赖”就使用一些极端的方式，如雇人催款，侮辱、诽谤、非法拘禁、故意伤害催款对象，这样很容易造成不可预知的风险，而且违法的催款行为会导致催款无效。

（4）意思表示清楚、简洁

一般常用的催款方式有信函催款、电话催款，但无论是写文还是直接沟通，销售人员都要清楚地表达催款的重要内容，不要模棱两可、毫无重点，这样催款的效果也会大打折扣。催款的主要内容包括具体的合同信息、双方权利义务、对方违约依据、催款金额、截止期限及逾期责任等。

（5）诉讼催款时效

如果企业没有办法自行收回货款而必须要进行诉讼催款，首先需了解诉讼催款的时效。根据《中华人民共和国民法总则》一百八十八条规定：“向人民法院请求保护民事权利的诉讼时效期间为三年。法律另有规定的，依照其规定。诉讼时效期间自权利人知道或者应当知道权利受到损害以及义务人之日起计算。”

诉讼时效对诉讼催款的结果是有影响的。需要特别注意，在合同约定的应付款之日起三年内，与对方沟通好应付款时间，并在诉讼时效内提醒对方付款，保留好催款记录。

（6）财产保全

就算最后走到诉讼催款的这一步，也未必能够收回款项。若是对方经营不善，有破产危机，很有可能使企业“竹篮打水一场空”。所以，在诉讼催款前要做好充足准备，调查好对方的经营情况、资产状况，必要时进行财产保全。

无论采用什么样的催款方式，做哪些准备，都需要销售人员随机应变，根据具体的交易情况来制订催款方案。在催款实施后，还要进行经验总结，加强风险控制，保障企业权益。

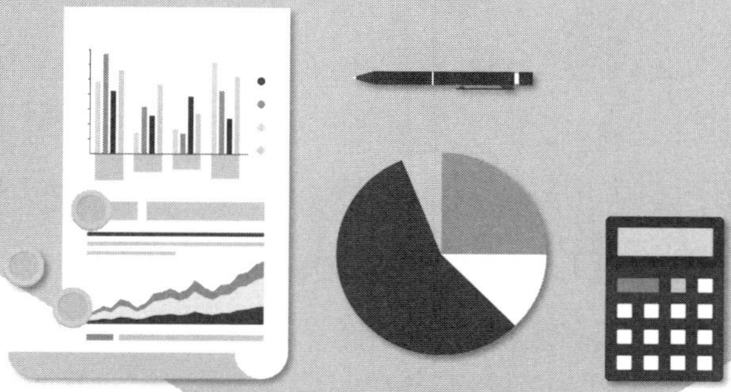

第8章

销售活动对财务工作有什么影响

销售活动的范围很广，涉及的事务也很多，除了与客户进行交易以外，还有货物的交接、现金的递交等，这些工作都在一定程度上影响着财务工作。作为销售人员，要从不一样的角度来认识销售与财务之间千丝万缕的联系。

现金流和经营活动现金流入流出

现金流量是指企业一定时期的现金和现金等价物的流入和流出的数量。一般来说销售商品、提供劳务、出售固定资产、收回投资、借入资金等经济活动，会形成企业的现金流入；购买商品、接受劳务、购建固定资产、进行现金投资、偿还债务等，会形成企业的现金流出。

通过现金流状况能够评估企业的经营状况是否良好，是否有足够的现金偿还债务，以及资产的变现能力等。在现金流量表中，将现金流量分为三大类：经营活动现金流量、投资活动现金流量和筹资活动现金流量。

而与销售工作息息相关的是经营活动现金流，指企业投资活动和筹资活动以外的所有交易和事项产生的现金流量。相对于净利润而言，企业的经营活动现金流量更能反映企业真实的经营成果。销售人员可通过直接法对经营活动现金流进行分析。

直接法是指通过现金流入和流出的主要类别，直接反映来自企业经营活动的现金流量的报告方法，可以展示企业经营活动现金流量的来源和用途，有助于预测企业未来的经营现金流量，对销售工作也有指导性作用。

经营活动现金流入的主要项目包括以下三项。

- 销售商品、提供劳务收到的现金。
- 收到的税费返还。
- 收到的其他与经营活动有关的现金。

经营活动现金流出的主要项目包括以下四项。

- 购买商品、接受劳务支付的现金。
- 支付给职工以及为职工支付的现金。
- 支付的各项税费。
- 支付的其他与经营活动有关的现金。

经营活动现金流量净额是经营活动现金流入与经营活动现金流出的差额，其具体数值可以反映不同的企业状况，见表 8-1。

表 8-1　现金流差额数值反映的企业状况

数值情况	企业状况
负数	若是经营活动现金流的差额为负数，可反映出企业两种状况，要么是经营处于初创期，要么是经营处于衰退期 在初创期，企业需要投入大量资金，不断生产，开拓市场，所以其资金来源大多是举债、融资等活动，而不是经营所得，因此经营活动现金流入远低于现金流出 在衰退期，市场萎靡，产品的市场份额下降，销售所得也有所减少，使得经营活动现金流入少于现金流出
正数	若是经营活动现金流的差额为正数，同样可反映出企业两种状况，要么是处于高速发展期，要么是处于产品成熟期 在高速发展期，产品的市场份额会迅速扩大，销量也极速上升，表现为经营活动中大量货币资金回笼，使经营活动现金流入高于现金流出 在产品成熟期，企业的市场份额已经趋于稳定，进入资金回收期，现金流入趋于稳定，而经营成本得到控制，使经营活动的现金流入高于现金流出

熟知现金管理制度与销售活动的联系

公司内部与销售活动相关的现金支出和收入能够从侧面反映销售活动情况。为了保证现金流入流出有据可依并且规范，财务人员能够准确记录现金流入流出的数据，以便更好地分析企业的各种经营情况，很多企业都会设置现金管理制度。

公司现金管理制度

第一章 总则

第一条 为加强现金管理，规范现金结算行为，根据国家《现金管理暂行条例》的要求，结合本公司实际情况，特制定本制度。

第二条 单位的财务负责人对本单位现金管理制度的建立、健全及有效实施负责。

第三条 本制度适用于公司所属各单位。

第二章 现金支出管理

第四条 现金使用范围。

1. 员工绩效工资、季度兑现、补贴、奖金、医药费和其他人工性支出。

2. 差旅费、培训费、业务招待费等。

3. 司机的燃油费、过路费、过桥费、行车费等。

4. 食堂备用金。

5. 维修费及所需的零配件等其他材料费。

6. 结算起点以下的零星支出及公司领导批准的其他开支。

第五条 现金使用限额为 1 000 元，超过限额的，原则上应以转账支票或电汇等方式支付。

第三章 库存现金管理

第六条 库存现金实行库存限额管理，公司按国家规定保留一定数额的库存现金。日常零星开支所需库存现金限额为 3 000 元。

第七条 库存现金不得超过规定库存限额，超过部分必须于当日存入银行。

第八条 公司现金必须存放在财务部的保险柜内。

第四章 现金出纳职责

第九条 出纳员应当建立健全现金账簿，逐笔记载现金收付业务，每日核对账款是否相符，每月核对账账、账实是否相符，做到日清月结。

第十条 对于违反规定的收支，出纳人员有权拒绝办理。

第十一条 对于内容不详、手续不全、数字有误的凭证，应当予以退回，要求补办手续，更正错误；遇有伪造、涂改凭证等虚报冒领的，应及时向领导反映。

第十二条 收付完毕，出纳人员应在原始凭证上加盖“现金收讫”或“现金付讫”印章。

第十三条 作废的原始凭证须加盖“作废”章并妥善保存。

第十四条 出纳收到业务单位或个人交纳的现金，必须开具收款收据，并加盖“现金收讫”印章或“财务专用章”。

第十五条 不得坐支现金。公司支付现金，只可以从库存现金限额中支付或从开户银行提取，不得从本公司的现金收入中直接支付。

第十六条 不准挪用现金，不准利用银行账户代其他单位和个人存取现金。

第十七条 不准白条抵库，不准套取库存现金。

第十八条 不准保留账外公款，不准公款私存，不准私设小金库。

第十九条 财务负责人应定期或不定期对出纳员的库存现金进行清查、盘点，每月 15 日、30 日编写库存现金盘点表，如有长短款，应查明原因并及时处理。

第二十条 现金出纳相关业务需由银行会计复核。

第五章 现金支付业务办理

第二十一条 现金支付须有完整的支付手续，由经办人填写相关单据，经财务部门出纳人员审核后，按如下流程签字：本部门主管→归口部门负责人→主管经理→公司领导→财务负责人。公司所有现金支付业务都遵循此签字规定，下述业务办理描述中不再赘述。

第二十二条 公司员工（借款人）因工作需要借用现金，按《借款管理制度》中相关规定办理借款手续。

第二十三条 物资采购的现金支出，先提货后付款的凭采购单、入库单、购物发票办理，先付款后提货的凭填列详细的借款单办理。

第二十四条 差旅费支付凭差旅费报销单、发票等办理。

第二十五条 市内交通费、高速费、业务招待费、招聘费、办公费等日常性支出，凭费用报销单、发票等办理，会议费支出还需凭相关会议通知办理。

第二十六条 各种补贴支出，须凭补助及补贴明细表与领款单办理，以上补贴支出需由本人签字。

第二十七条 各种奖励支出，凭领导签字的专项基金申请及发放表或“公司奖惩请示”办理。

第二十八条 借款或报销金额合计在 1 000 元以上的，需提前一天通知财务部备款。

第二十九条 报销单填列要字迹清晰，完整，摘要描述简洁明了，不得涂改，内附票据要与报销事由相符，且需完整准确填开，公司全称、税号、摘要、金额大小写等项目要齐全。

第六章 附则

第三十条 本制度的制定、修改、解释权归公司财务部所有。

第三十一条 本制度自发布之日起开始执行。

现金的循环周期

现金循环周期是企业在经营中从付出现金到收到现金所需的平均时间。现金循环周期决定企业资金使用效率。

现金循环周期 = 存货转换期间 + 应收账款转换期间 − 应付账款递延期间

= 生产经营周期 − 应付账款平均付款期

现金循环周期的变化会直接影响营运资金的需要数额。现金周期缩短是企业效益提升的一个关键指标，一般绩优企业在现金周期上具有比一般企业少 40 ～ 65 天的特点。

如何理解销售活动中的现金流动呢？

某公司生产家用电器，根据其市场份额计算，销售部预测其每季度的销量为 1 000 台。为了保证销量，该公司会提前订购生产家用电器所需的零件，并通过赊购方式进行结算。每次采购后，工人就开始生产家用电器，工人工资于每月 10 日结算。

待产品上市销售后，销售人员多采用赊销的方式完成交易，这样就有可能造成无法结算采购货款和工人工资的情况，从而企业会从银行获得借款以满足资金周转。

从上文中，我们可以对企业的所有经济活动进行分析，其每个环节都决定了之后可能产生的现金流量，反映出公司的生产策略对现金流的影响。

①公司的采购活动因为是赊购的，所以暂时没有现金支出，仅发生应付账款，当即对现金流量并无影响。

②至于工人工资的支付，一般是一月一结，所以每月都会发生应付工资的现金流出。

③在进行销售时，由于多是赊销，并不会立刻有现金流入。一段时间后，公司收回货款，发生现金流入完成了现金流量循环。过程中，该公司通过借款保证公司的营运周转顺畅时，涉及现金流入。

这一系列过程便可称为现金转换循环，通过该例，我们可以对现金循环周期公式中的有关术语进行形象化的解释。

- **存货转换期间：**即企业将生产零件或原物料制造为产品，并将产品售出所需的时间。与之有关的是存货周转率，存货周转率越高，代表销售人员销售能力越好，企业经营绩效越佳。因此存货转换期间不宜过长。
- **应收账款转换期间：**是指应收账款收回现金所需的时间，会涉及应收账款周转率，应收账款周转率越高，表示企业收账速度及效率越佳。存货转换期间与应收账款转换期间合称为营业循环周期或生产经营周期。
- **应付账款递延期间：**是指自购进原材料或雇佣人工至支付价款及工资所递延的平均天数，通常为 30 天。

无论是销售人员还是公司的管理人员，都要正确认识现金循环周期，想办法缩短循环周期的天数，以便大大提高资金运用效率及企业收益。

而根据公式来看，缩短存货周转期和应收账款周转期，延长应付账款付款期是缩短现金循环周期的基本方法。

企业可以结合实际的营运操作，尽量压缩收款流程、优化贷款支付过程、延长贷款支付时间、集中支付账户、设立零余额账户、做好远距离付款等，可有效加速现金流的循环。无论什么样的方法，只要从计算公式的基础出发，实际情况下又可行，销售人员或是管理人员就可以尝试。

清楚营运资本需求量

营运资本需求是存货、应收账款减应付账款的余额。如果流动资产中包括预付费用，流动负债中包括预提费用，那么净投资就是流动资产减流动负债的差额，但不包括现金。

营运资本需求 =（应收账款 + 存货 + 预付费用）-（应付账款 + 预提费用）

营运资本需求与企业的经营效率大有关联，通过核算营运资本需求，我们能够了解企业在应付账款、存货、预付款和应付账款等方面的情况，从而得出企业近期的工作效率和管理情况。

为了使企业更好地营运，提高员工工作效益，可结合营运资本需求，从两方面入手，一是做好公司经营管理，二是提高销售策略。

（1）做好经营管理

首先需要解决存货和应收账款的问题，最终目的是减少资金占用，加速资金流通。在经营管理时可做好以下几点。

①多平台选购，保证质量的前提下，降低采购价格。

②加快存货的减少速度，降低仓储费和运输费。

③提高工人技术，优化车间生产流程，从而缩短生产周期。

④减少残次品，减少损耗。

⑤进行仓库管理，实时盘点存货，以防产品受潮、过期而不能出售。

⑥懂得高效收回应收账款。

⑦在信用期截止前支付应付账款。

（2）提高销售策略

通过提高销售策略可以增加收益，从而不断扩大企业市场份额，因为存货积压而造成的损耗就会越小。如果能加大客户对企业的信任度，就可以适当提高定金的金额，在一定的营运资本需求下，企业可调动的资金更多。

税收负担对企业经营的影响

税收负担即我们常说的税负，是因国家征税而造成的一种经济负担，是企业必须要承担的一种经济负担。它可以单指增值税税负、所得税税负等，也可以把企业本年度上缴的所有税款合计起来计算总体税负。税负形式可分为以下三类。

比例税负。即负税人所负税款占其收入的比率不随收入的变化而变化。

累进税负。即负税人所负税款占其收入的比率随收入的增加而增加。

累退税负。即负税人所负税款占其收入的比率随收入的增加而下降，中国没有累退的税目。

税负的表现形式有两种：一是税负率，即用税额占税基的比重来表示；二是税负额，即用绝对量来表示。对于企业来说，常用税负率查看自己的税收负担，一般通过如下公式进行展示：

增值税税负率 = 应交增值税 ÷ 不含税销售收入 ×100%

= 本期增值税应纳税额 ÷ 本期应税主营业务收入（不含税）×100%

所得税税负率 = 应纳税额 ÷ 利润总额 ×100%

印花税税负率 = 应纳税额 ÷ 计税收入 ×100%

资源税税负率 = 应纳税额 ÷ 主营业务收入（产品销售收入）×100%

由上面的公式可知，税负高说明企业的税负负担越重，企业的经营可能受到限制，甚至阻碍。下面通过一个案例进行简单了解。

2018 年度，×× 企业共纳税 100.00 万元，其销售额共 1 000.00 万元。次年，经过销售人员的努力和管理优化，销售额增长到 2 000.00 万元，同时经过纳税筹划，企业次年的各项税收共 150.00 万元。

从纳税额来看，2018 年度企业共缴纳税额 100.00 万元，到了 2019 年共缴了 150.00 万元，虽然税额绝对值增加了，但是企业所承受的相对税负却减少了。因为 2018 年度企业销售额为 1 000.00 万元，上缴税款 100.00 万元，那么企业的税负率是 10%；2019 年销售额 2 000.00 万元，上缴税款 150.00 万元，企业的税负率是 7.5%，税负率从 10% 下降到 7.5%。在 10% 的税负率下，若上缴税额为 150.00 万元，则说明销售额为 1 500.00 万元（150.00/10%），比原来的 2 000.00 万元少，说明经营受到了阻碍，已减少了不少。

知识延伸 | 税负率与税率的区别

税负率指纳税人实际缴纳税额与其实际收益的比例；而税率则指对课税对象的征收比例或征收额度。税率是形成税负率的基础，税负率则是税率的反映。

控制销售成本的几大方式

销售成本是指已销售产品的成本或已提供劳务的劳务成本以及其他销售活动的业务成本，其基本组成如图 8-1 所示。

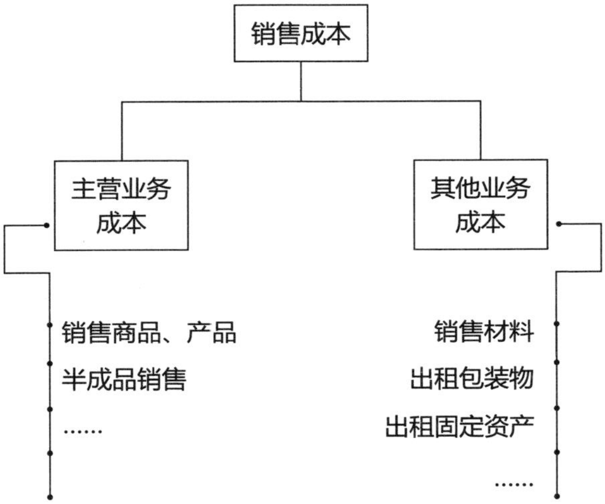

图 8-1

从图 8-1 可以看出企业的销售成本组成比较复杂，若想控制销售成本，还需依靠各种成本控制方法，主要有如下所示的一些。

（1）绝对成本控制

以成本支出为标准，将其控制在某个范围或数值内，然后再以此设计标准成本并进行预算控制。

◆ 标准成本。

标准成本是对产品或服务未来成本的理性预期，是在预算过程中产生的。

标准成本 = 实际产量 × 单位产品标准成本

发现并分析实际成本对标准成本的偏离，这是构成成本控制的一项重要内容。一般来说，设计标准成本需要企业满足一些条件。

企业经营环境相对稳定。由于市场经济处于千变万化之中，企业的经营环境也会受到一定的影响，如果标准成本的应用条件一直在发生改变，那么得出的标准成本也是无效的。所以经营环境相对稳定才能保证标准成本的有效性。

企业产品相对稳定。产品性能改变，在面对市场的时候自然会与之前有不一样的表现，所以在产品性能差不多时所设计的标准成本，才有参考意义。

企业生产模式为少品种、大批量。品种简单、生产量大的情况下，标准成本的设计会有更多的数据支持，会更加准确。

物料价格波动相对稳定。如果企业采购物料的价格波动太大，对公司的生产成本会有很大影响，因此管理人员应该设计物料价格的基本框架，以此要求采购人员多方考察和选择。或是规定基本的变动幅度，如物料交易市场有变时，要及时修改标准成本，如 3 000.00 元以上的单个物料成本变动幅度超过 5% 时更改标准成本，若是 1 000.00 ~ 1 500.00 元的单个物料成本变动幅度超过 20% 时更改标准成本等。

◆ 预算控制。

预算控制是企业根据预算规定的收入与支出标准检查和监督各个部门的生产经营活动的控制工作。通过设置预算能有效控制各部门的支出，使各项工作按照既定的标准完成，保证对各种资源的最大利用。预算内容一般包括收入预算、支出预算、现金预算和生产预算等方面。

一般来说，企业会设计合适的预算管理制度，从预算管理组织、程序以及内容等方面对预算管理工作做出具体规定，以便各部门员工按照预算目标开展各项工作。

××公司预算管理制度

第一章 总则

第一条 为了规范公司财务管理行为，提高财务管理水平，使公司预算工作健康有序地进行，特制定本制度。

第二条 公司预算委员会作为预算计划的领导机构，领导部署预算编制工作。财务中心作为预算执行机构，负责组织实施公司预算。

第三条 公司采取年度编制预算，季度进行调整，按月分解预算的操作方式，以增强各项经营活动的计划性和连续性。

第二章 预算管理的组织机构及职能

第四条 预算委员会构成如下：

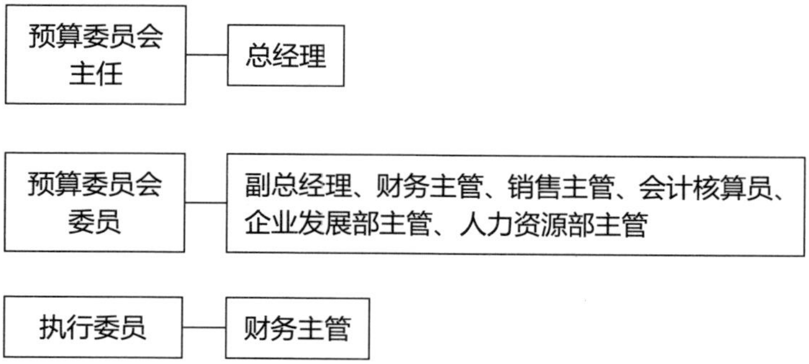

第五条 预算委员会主要职责。

通过研究制定公司年度经营战略及经营计划，拟订公司预算目标、政策，制定预算管理的具体措施和办法。

第六条 财务部作为执行机构，负责组织公司预算的编制、审查、汇总、上报、下达、报告等工作。

第三章 预算的编审、上报程序

第七条 公司编制预算时按照“自下而上、上下结合、分级编制、逐级汇总”的程序进行。

1. 上报预算草案

每年的 10 月前，各部门将下年度预算草案上报到财务部，由财务部负责汇总后提交预算委员会。

2. 下达目标

每年的 10 月中旬总经理根据对预算期市场情况的初步预测，提出下一年度公司经营战略目标，并确定预算年度的经营目标，下达各部门。

3. 编制上报

各部门结合经营特点，提出详细的预算方案，于 10 月底前上报财务部。

4. 审查平衡

财务部对上报的预算方案进行审查、汇总，对发现的问题提出初步调整意见，于 11 月底前反馈给各部门予以修正。

5. 审议批准

财务部正式编制公司年度预算草案，于 12 月中旬提交总经理审议批准。

6. 下达执行

财务部将批准的年度总预算，在 12 月 31 日前批复给各部门。

第四章 预算的编制内容

公司编制财务预算按照先业务预算、资本预算、筹资预算，后现金预算的流程进行。

第八条 业务预算。

1. 销售预算

主要内容应包括：销量、单价、销售收入。销量根据市场预测并结合企业生产能力确定，单价根据价格决策确定，收入是单价和销量的乘积。销售预算通过分品种、分月份、分销售区域、分业务员来编制。

2. 采购预算

主要内容应包括：商品单价、采购数量和采购成本构成。编制采购预算应保证材料的采购量与商品的销售量、库存量之间的合理比例关系，避免商品的供应不足或超储积压。

3. 保险业务预算

（1）保险业务预算通过分品种、分月份、分销售区域、分业务员来编制。

（2）依据保险业务预算，按照行业和本公司的业务规定预算业务支出。

4. 期末存货预算

期末存货预算反映期末商品存货、材料存货的预计数，期末存货预算根据销售预算、直接材料预算、制造费用中的物料预算编制。

5. 期间费用预算

（1）销售费用预算

以销售预算为基础，在分析销售收入、销售利润以及销售费用的关系的基础上编制，力求实现销售费用的最有效使用。在草拟销售费用预算时，应对过去的销售费用进行分析，考察过去销售费用支出的必要性和效果。销售费用预算应和销售预算相配合，应有按品种、按地区、按用途的具体预算数额。

（2）管理费用预算可以过去的实际开支为基础，按预算期的可预见变化来调整。应充分考虑每项费用开支的必要性，以便提高费用利用效率。

第九条 资本预算

资本预算是公司针对预算期内进行的资本性投资计划而编制的预算，包括固定资产投资预算、权益性资本投资预算。

1. 固定资产投资预算是公司对预算期内购建、改建、扩建、更新固定资产进行资本投资的预算，根据公司投资决策项目计划和年度固定资产投资计划编制。

2. 权益性资本投资预算是公司对预算期内为取得其他单位的股权及收益分配权而进行资本投资的预算。

第十条 筹资预算是公司根据预算期内需要新借入的长短期借款以及对原有借款、债券还本付息的情况而编制的预算。

第十一条 现金预算

现金预算按照现金流量表主要项目内容编制，反映公司预算期内一切现金收支及其结果的预算。财务预算以业务预算、资本预算和筹资预算为基础，作为其他预算有关现金收支的汇总。

第五章 预算的执行与控制

第十二条 公司以批复的预算作为预算期内组织、协调各部门经营活动的基本依据。

第十三条 预算下发执行后，由财务部监督执行，各部门预算内资金的支出，经财务部审核、经理审批后执行。

第十四条 财务部利用财务报表监控公司预算的执行情况。

第六章 预算的调整

第十五条 公司正式下达执行的预算，一般不予调整。各部门可根据实际情况自行调整月度计划。由于市场环境等发生重大变化，需调整财务预算的，预算调整幅度小于总预算的5%以内的（含5%），可由部门3名主要负责人审批，并报财务部备案。

第十六条 各部门调整预算幅度大于5%时，应当向公司预算委员会提出书面报告，公司财务部对预算调整报告进行审核分析后，编制公司年度预算调整方案，提交预算委员会审议批准，然后下达执行。

第七章 附则

第十七条 本制度由公司财务部负责解释。

第十八条 本制度自批准之日起施行。

（2）相对成本控制

相对成本控制是指为了增加盈利，做好开源节流，从产销量、成本和收入三个方面同时入手控制成本的方法。以销量为核心，查看不同销量下成本和收入的状况，如收入与成本平衡时，销量是多少；企业利润最高时，销量是多少。然后以此为目标，完成标准销量。

（3）成本控制即时化

成本控制即时化是针对具体的公司业务，通过项目负责人每天记录发生的人工、材料、机械使用数量与工程完成数量，再由计算机软件比较分析，得出成本指标是否实现及其原因的成本管理方法。

（4）标准成本法

标准成本法是指以预先制定的标准成本为基础，通过对标准成本与实际成本进行比较，核算和分析成本差异的一种产品成本计算方法。该方法能够加强成本控制、评估业绩。

（5）经济采购批量

经济采购批量是指在一定时期内进货总量不变的条件下，使采购费用和储存费用总和最小的采购量。该种方式通过控制采购来控制成本。

销售人员要掌握企业盈利能力的几大指标

作为一个合格的销售人员，最重要的工作就是卖出商品，而卖出商品最终极的目标是为企业带来盈利。不过仅仅依靠销量来盈利是最下策，因为能影响企业盈利的因素有很多，销售人员也应该了解可以反映企业盈利能力的各项指标，以便更有效地开展销售工作。

盈利能力指标主要包括营业利润率、销售毛利率、销售净利率、成本费用利润率、盈余现金保障倍数、总资产报酬率、净资产收益率和资本收益率 8 项。实务中，上市公司经常采用每股收益、每股股利、市盈率、每股净资产等指标评价其获利能力。

（1）营业利润率

营业利润率是企业一定时期营业利润与营业收入的比率。计算公式为：

营业利润率 = 营业利润 ÷ 营业收入 ×100%

其中营业利润取自利润表，营业收入包括主营业务收入和其他业务收入。营业利润率越高，表明企业市场竞争力越强，发展潜力越大，盈利能力越强。影响营业利润率的因素包括以下五项。

①销售数量。

②单位产品平均售价。

③单位产品成本。

④控制管理费用的能力。

⑤控制销售费用的能力。

其中，销售数量、单位产品平均售价、控制销售费用与销售人员的业务能力息息相关。销售人员的能力和经验愈丰富，销量和平均售价会愈高，销售费用也会愈低。

（2）销售毛利率和销售净利率

在实务中，企业也经常使用销售毛利率、销售净利率等指标来分析企业经营业务的获利水平。

销售毛利率是毛利润占销售收入的百分比，其在一定程度上反映企业生产环节的效率高低。如果生产效率低下，就算销售人员如何努力也无济于事，毛利率过小，企业就难以盈利。

$$销售毛利率=（销售收入-销售成本）÷销售收入\times 100\%$$

× × 有限公司的销售毛利率计算见表 8-2。

表 8-2　2017—2019 年销售毛利率计算表

单位：万元

项　　目	2017 年	2018 年	2019 年
销售毛利	700.00	720.00	520.00
销售收入	5 000.00	6 000.00	5 200.00
销售毛利率	14%	12%	10%

该公司销售毛利率在逐年下降，2018 年的销售收入增加了，按理说销售

毛利率应该上涨，结果比 2017 年下降 2%，其原因是毛利的上涨幅度小于了销售收入的上涨幅度，具体有可能是生产效率降低，也有可能是销售价格的降低。而到了 2019 年销售毛利和销售收入都大幅度下滑，说明该企业的生产经营可能出现了问题，无论从生产、市场还是销售上都要采取措施加以改进，否则容易陷入经营困境。

销售净利率是指净利润（指税后利润）与销售收入的百分比。其计算公式为：

销售净利率 = 净利润 ÷ 销售收入 ×100%

某公司 2019 年净利润为 1 200.00 万元，销售收入为 8 000.00 万元，则该公司的销售净利率为：

销售净利率 =1 200.00 ÷ 8000.00 × 100%=15%

销售净利率为 15%，说明每 100.00 元的销售收入可为公司提供 15.00 元的净利润。公司在提高销售收入的时候，要争取以更高比例提高净利润，才能有更多盈利。如下一年有 200.00 元的销售收入，净利润能达到 50.00 元。这就要求企业不仅要扩大销量，还要加强经营管理。

（3）成本费用利润率

成本费用利润率是企业一定时期利润总额与成本费用总额的比率，能够反映企业消耗和获利之间的关系，从消耗上给企业带来启示。其计算公式为：

成本费用利润率 = 利润总额 ÷ 成本费用总额 ×100%

其中，成本费用总额包括营业成本、税金及附加、销售费用、管理费用和财务费用等。

× × 有限公司的成本费用利润率计算见表 8-3。

表 8-3　2017—2019 年成本费用利润率计算表

单位：万元

项　　目	2017 年	2018 年	2019 年
利润总额	2 000.00	2 000.00	2 500.00
成本费用	4 000.00	3 800.00	4 000.00
成本费用利润率	50%	52.63%	62.50%

从表 8-3 可以看出，2017 年与 2018 年的企业利润总额一致时，成本费用越小，成本费用利润率越高；而 2017 年与 2019 年的成本费用相同时，利润总额越大，成本费用利润率越高，企业效益越好。

成本费用利润率越高，表明企业为取得利润而付出的代价越小，成本费用控制得越好，盈利能力越强。由表 8-3 中可以看出，该企业的成本费用利润率逐年递增，可见经营得有声有色。

（4）盈余现金保障倍数

盈余现金保障倍数是企业一定时期经营现金净流量与净利润的比值，反映了企业当期净利润中现金收益的保障程度，是从现金流入和流出的动态角度反映企业盈余的质量。其计算公式为：

盈余现金保障倍数 = 经营现金净流量 ÷ 净利润

一般来说，当企业当期净利润大于 0 时，盈余现金保障倍数应大于 1。该指标越大，表明企业经营活动产生的净利润对现金的贡献越大。

（5）总资产报酬率

总资产报酬率是企业一定时期内获得的报酬总额与资产平均总额的比率，反映了企业资产的综合利用效果。常用的计算公式为：

总资产报酬率 = 息税前利润总额 ÷ 资产平均总额 ×100%

其中，息税前利润总额 = 利润总额 + 利息支出。

一般情况下，总资产报酬率越高，表明企业的资产利用效益越好，整个企业盈利能力越强。下面通过案例来对总资产报酬率的计算进行说明。

×× 公司 2018 年净利润为 80.00 万元，所得税费用 40.00 万元，利息支出 45.00 万元，年末资产总额 850.00 万元；2019 年净利润 60.00 万元，所得税费用 30.00 万元，利息支出 60.00 万元，年末资产总额 1 000.00 万元。假设 2018 年初资产总额 700.00 万元，则该公司总资产报酬率计算如下：

2018 年总资产报酬率 =（80.00+40.00+45.00）÷［（700.00+850.00）/2］×100% =21.29%

2019 年总资产报酬率 =（60.00+30.00+60.00）÷［（1 000.00+850.00）/2］×100% =16.22%

从计算结果可知，该公司 2019 年总资产报酬率大大低于 2018 年，说明公司投入与产出的比例关系发生变化，且产出效益在下降，企业需重视资产的利用率和经营管理效率，否则会影响企业发展。

（6）净资产收益率

净资产收益率是企业一定时期净利润与平均净资产的比率，反映了企业自有资金的投资收益水平。其计算公式为：

净资产收益率 = 净利润 ÷ 平均净资产 ×100%

平均净资产 =（所有者权益年初数 + 所有者权益年末数）÷2

一般认为，净资产收益率越高，企业自有资本获取收益的能力越强，运营效益越好，对企业投资人、债权人利益的保障程度越高。

（7）资本收益率

资本收益率是企业一定时期内净利润与平均资本（即资本性投入及其资本溢价）的比率，反映企业实际获得投资额的回报水平。

资本收益率 = 净利润 ÷ 平均资本 ×100%

平均资本 =（实收资本年初数 + 资本公积年初数 + 实收资本年末数 + 资本公积年末数）÷2

其中，资本公积仅指资本溢价（或股本溢价）。企业不仅依靠销售来获得盈利，在有了一定的销售盈利后，企业可能会做一些投资，也会获取相应的收益。以投资活动来说，资本收益率越高，企业投入资本的获利能力越强。

某公司 2020 年中期净利润为 4 000.00 万元，股本为 15 900.00 万元，假设不考虑股本溢价，其资本收益率为：

资本收益率 =4 000.005 ÷ 15 900.00 × 100%=25.16%

公司净利润数据可从利润表中获得，实收资本数据可从资产负债表中获得。该公司的资本收益率为 25.16%，说明公司所投资本的获利能力较强。

以收取现金方式进行销售的注意事项

在进行销售交易时，企业多数是通过银行转账的形式完成款项结算，当然，也会出现临时需要支付现金的客户，销售人员在收取现金时要特别注意，点算清楚现金金额，查看是否与合同明细相符，然后及时上交财务部，由会计做账，出纳收款并在当日将现金存入本企业的银行账户。

如果销售人员迟迟不将现金款项上交公司，情节严重的会构成犯罪，主要有以下三种情况。

①如果销售人员直接将款项用于抵减销售费用支出，就构成“坐支”，即从本单位收入的现金中直接支付现金的做法，不仅自身会受到处罚，还会使公司陷入经营风险。如某销售人员收到货款 2 000.00 元现金，没有交给出纳，同时用来报销差旅费 2 000.00 元，这两项业务均未进行账务处理，即为坐支。现在所有公司都实行“收支两条线”，收入存银行，支出再报账支付，销售人员一定不要私自操作。

②如果销售人员将款项用于非公司用途和私人事务，就构成“挪用公款”，根据数额的多少，其承担的责任不定。如果数额巨大，就触犯了刑法。

③如果销售人员将销售款项隐瞒、侵吞，数额巨大的，可构成贪污罪。

如果公司有现金交易，这与销售人员和出纳有着直接关系，销售人员要及时上交，出纳也要及时点算现金。对于出纳来说，要管理好现金是一项重要工作，需要时时进行现金盘点清查。

对于销售人员来说，企业为了规范现金的使用，一般会设置相关的制度来约束销售人员的行为。

对于销售现金收款，各部门销售经理应做好控制工作，及时统计各销售人员的现金交易情况，并与财务部及时沟通，了解货款到账情况，并采取相应的奖惩措施，促进货款及时上交。

一、时间限制

销售部经理应根据销售活动的实际情况、部门销售目标，记录现金交易情况，并且约定时间限制：

1. 同城交易，当天直接将收取的现金交至财务部。

2. 外出销售，于回城当天将收取的现金交至财务部，如遇节假日，在节假日结束后的第二天上交财务部。

二、定时审查

财务部经理每半月与出纳核对一次现金收款记录，根据财务部提供的销售情况统计，确定相关销售人员是否如期上交货款。销售部现金交易情况记录如下所示。

销售员	合同编号	收取现金金额	收取日期	应上交日期	核对情况

三、处罚

1. 对由于违反本办法给公司造成损失的，视情节轻重给予处罚并要求其承担经济赔偿。

2. 凡私自使用现金、使用不符合要求的凭证充抵库存现金、未经批准坐支现金、私设小金库、编造用途套取现金以及私存公款的，除给予有关财会人员处分外，还应要求其支付违纪金额 10% ~ 30% 的罚款。

3. 所有罚款一律上缴公司财务部。

为了规范现金管理，国务院出台了《现金管理暂行条例》，对企事业单位的现金管理工作进行了规范，涉及的有关人员要注意以下八大禁忌。

①不准用不符合财务制度的凭证顶替库存现金。

②不准单位之间相互借用现金。

③不准谎报用途套取现金。

④不准利用银行账户代其他单位和个人存入或支取现金。

⑤不准将单位收入的现金以个人名义存入储蓄。

⑥不准保留账外公款（即小金库）。

⑦不准发行变相货币。

⑧不准以任何票券代替人民币在市场上流通。

销售商品过程中涉及的财务管理工作

企业生产的商品虽然不是货币，却也是企业资产的一部分，其价值在生产到销售的过程中不断转化。对于商品价值的转化，财务部和销售部这两个密切相关的部门都要做好各自的工作，做好钱货转换的衔接，以及各种单据的收集管理。

公司商品财务管理制度

第一章 总则

第一条 目的。

为加强产成品的正确核算，提升对存货管理的有效性，防止产成品的遗失和存货的损失，特制定本办法。

第二条 适用范围。

本规定适用于 ×× 相关的产成品。

第二章 售前管理

第三条 销售业务员要认真做好市场调研工作，广泛搜集整理市场信息和经济情报，建立和完善销售公司用户档案，每月底出具市场调研报告，以便公司决策层平衡产、销，及时做出有效的市场应对措施。

第四条 销售经理依据市场调研报告，积极开拓市场，寻找客户，和客户进行价格、数量、质量等谈判，报公司总经理批准后，签订正式销售合同作为档案资料和结算依据。

第五条 签订合同应按规定逐项填写供方企业名称、需方企业名称及双方的开户银行、账号、税号、电话号码、地址、产品的规格、数量、价格、质量指标、验收方式、订货日期、交货地点、结算方式、合同签订地点（一般定为我方地点）、经济纠纷的解决地点（一般为我方地点）和方式等，经双方签字，加盖公章后生效，各项不得遗漏，需由国家公证机关公证的，必须进行公证。

第三章 产成品的入库

第六条 由销售部、生产部、财务部共同组成产品质量联合监察组，对商品质量指标进行不定期抽查，发现问题及时处理，原则上每月抽查两次，并以抽查结果为依据办理入库手续。

第七条 每月由生产部统计员积累数据，26 日开具入库单交保管员签字，分管领导签字财务部入账。

第八条 产成品入库单一式三联，仓库一联，销售部一联，财务部一联。

第九条 保管员依据入库单保管联建立产成品实物保管账，销售部依据入库单计划联建立产成品三级明细账，要求日清、月结，记账凭证加装封面，按月装订成册，财务部根据入库单记账联核算产成品的成本。

第四章 产成品的销售与出库

第十条 产成品的销售分为赊销和现款或预付款销售两种形式。

第十一条 公司总经理办公会制定产品售价，销售部起草售价（调整）通知，报财务部、销售部执行。

第十二条 属于赊销的由销售经理按合同填制赊销申请单（要求明确赊销数量、价格、付款期限、责任人等），书面通知开票员、销售核算员，具体操作程序为：

1. 开票员开具发货通知单。

2. 安排送货。

3. 调度员接到发货通知，组织装车。

4. 调度员依据送货单开具出门证。

5. 提货人持出门证到门岗，门卫核对后予以放行。

第十三条 财务部认真核对每日到账款项，并出具“到款通知书”（明确汇款单位、到款金额等），通知销售部，销售核算员依据到款通知书登记往来账。

第十四条 现款或预付款销售需方自提的，具体程序为：

1. 提货人到销售部开票处开具发货通知单。

2. 开票员与销售核算员核对往来账预付款余额，计算可提货数量后开具发货通知，注明装车限量。

3. 调度员组织装车。

4. 开票员按实际数量重新核算本日提货金额，若提货金额超出预付款账面余额的，通知保卫人员协助提货人到财务部办理货款补交手续。

5. 销售核算员依据商品清点单开具出库单并加盖企管部公章，财务部收款，在出库单上加盖公章并开具发票。

6. 提货人持加盖有财务部、企管部公章的出库单（出门证联）到门岗，门卫核对无误予以放行。

第十五条 现金或预付款销售需我方代办托运的，由我方对口业务员代办一切手续，发货程序同上，财务部凭发票、出库单、代垫运费票据结算。

第十六条 销售核算员应坚持产品出库手续日清月结，出库单一式五联，其中存根一联，提货人一联，财务部一联，销售核算员一联（统计联），出门证一联。

第十七条 开票员随时与销售核算员取得联系，及时核对往来业务的货款余额，认真核对发货数量，严禁超发，否则责任自负。

第十八条 负责产品销售、出库及发货的相关部门和岗位必须各司其职，步调一致，认真把关。

1. 开票员、调度员、门卫要求岗不离人。

2. 销售核算员、财务部有关人员要随叫随到。

3. 销售核算员认真核对往来账，每日出具销售统计报表，月底汇总上报销售部、财务部和公司经理层。

第五章 商品现场管理

第十九条 入库后的商品必须严加管理，责任人为仓库保管员。

第二十条 产品存放场地必须每日清理。

第二十一条 严格执行产品出入库管理制度，没有接到发货通知前，严禁私自安排装车，否则调离工作岗位，造成损失的，经济责任自负。

第二十二条 一切购货车辆，都要按指定地点、指定要求排队等候，不得随意乱停乱放，一切提货人员及车辆进入公司生产区后，必须遵守我方的相关规定，违者公司保卫人员有权处罚。

第二十三条 调度员接到发货通知单后，场地上任何管理人员都不得蓄意刁难或私下通融，否则严惩。对等货时间较长的车辆人员，场地管理人员和销售人员要热情、礼貌、耐心地说服、解释，树立良好的企业形象和窗口服务形象，并要妥善安排提货人员进行就餐和休息，严禁提货人员夜间在车辆上休息。

第六章 附则

第二十四条 本制度其他未尽事宜，解释权归公司行政部。

从以上制度的规范内容我们可以了解到，在商品生产入库、销售出库和存货管理工作中，都会涉及相关单据的填写和保存。销售人员与财务部相关人员需尤为重视，且要协同合作。具体流程和涉及的资料如下所示。

产成品验收入库。检验合格→送至仓库→仓库保管员清点→入库→开具入库单，一式三联，一联存根，二联交财务部，三联由销售部保管。

库存商品出库。销售人员进行交易→将货款交至出纳处→开具收款收据→到仓库取货（收据 / 借据）→移交商品→开具出库单，一式三联，一联存根，二联交财务部，三联由销售部保管。

存货管理。每月汇总入库单和出库单→移交汇总数据至销售部门→进行数据分析→移交财务联至财务部→定期向销售和财务部门报送存货情况表和退货情况表→清点储存过久的存货。

存货清查盘点。每季清查→每月与财务部核对明细账→分类汇总数量→编制存货盘点表→审核盘盈或盘亏存货→按规定处理→报公司领导审批。

清楚销售费用的范围

所谓销售费用就是与企业销售商品活动有关的费用，具体指企业销售商品和材料、提供劳务的过程中发生的各种费用，包括企业在销售商品过程中发生的保险费、包装费、展览费和广告费、商品维修费、预计产品质量保证损失、运输费、装卸费等以及为销售本企业商品而专设的销售机构（含销售网点、售后服务网点等）的职工薪酬、业务费、折旧费等经营费用。

一般来说，核算销售费用的发生和结转情况是通过“销售费用”科目完成的。

某公司在2020年6月初开始核算上月员工工资，经过盘点核算本月应付职工工资为190 000.00元，其中销售人员工资为56 000.00元。在6月10日，工资已通过转账的形式发放完毕，假设不考虑社保、住房公积金和个人所得税的核算。那么，涉及销售费用的会计分录如下所示。

借：销售费用　　　　56 000.00

　　……　　　　……

　　贷：应付职工薪酬　　　　190 000.00

借：应付职工薪酬　　　　190 000.00

　　贷：银行存款　　　　190 000.00

可见与销售活动有关的一切费用均列入销售费用，包括销售人员的工资。但要注意销售的主营产品本身的成本，要确认主营业务的成本，而不是销售费用。

对于销售费用的管理，由于销售费用的范围极广，所以很多企业会根据销售费用的类型设置相关的管理制度，包括销售人员报酬制度、差旅费用管理制度、培训费用管理制度、招待费用管理制度、广告费用管理制度、公关费用管理制度、折扣折让制度、应收账款管理制度、仓储费用管理制度和售后服务费用管理制度等。

建立了清晰的销售费用管理制度，能从各个方面约束企业内部销售人员的行为，控制费用支出，从另一方面减少销售成本。